MEDITAÇÃO

7 técnicas para meditar mais profundo do que os monges Zen!

(O Melhor Guia Para Aprender A Meditar)

Tiago Barros

Traduzido por Daniel Heath

Tiago Barros

Meditação: 7 técnicas para meditar mais profundo do que os monges Zen! (O Melhor Guia Para Aprender A Meditar)

ISBN 978-1-989837-31-3

Termos e Condições

De modo nenhum é permitido reproduzir, duplicar ou até mesmo transmitir qualquer parte deste documento em meios eletrônicos ou impressos. A gravação desta publicação é estritamente proibida e qualquer armazenamento deste documento não é permitido, a menos que haja permissão por escrito do editor. Todos os direitos são reservados.

As informações fornecidas neste documento são declaradas verdadeiras e consistentes, na medida em que qualquer responsabilidade, em termos de desatenção ou de outra forma, por qualquer uso ou abuso de quaisquer políticas, processos ou instruções contidas, é de responsabilidade exclusiva e pessoal do leitor destinatário. Sob nenhuma circunstância qualquer, responsabilidade legal ou culpa será imposta ao editor por qualquer reparação, dano ou perda monetária devida às informações aqui contidas, direta ou indiretamente. Os respectivos autores são proprietários de todos os direitos autorais não detidos pelo editor.

Aviso Legal:

Este livro é protegido por direitos autorais. Ele é designado exclusivamente para uso pessoal. Você não pode alterar, distribuir, vender, usar, citar ou parafrasear qualquer parte ou o conteúdo deste ebook sem o consentimento do autor ou proprietário dos direitos autorais. Ações legais poderão ser tomadas caso isso seja violado.

Termos de Responsabilidade:

Observe também que as informações contidas neste documento são apenas para fins educacionais e de entretenimento. Todo esforço foi feito para fornecer informações completas precisas, atualizadas e confiáveis. Nenhuma garantia de qualquer tipo é expressa ou mesmo implícita. Os leitores reconhecem que o autor não está envolvido na prestação de aconselhamento jurídico, financeiro, médico ou profissional.

Ao ler este documento, o leitor concorda que sob nenhuma circunstância somos responsáveis por quaisquer perdas, diretas ou indiretas, que venham a ocorrer como resultado do uso de informações contidas neste documento, incluindo, mas não limitado a, erros, omissões, ou imprecisões.

Índice

Parte 1 1

Introdução 4

Capítuloum: Meditação E Seus Benefícios 5

CONTROLE DOESTRESSE 6
CONTROLE DAS EMOÇÕES 6
AUMENTO DE SEROTONINA 7

Capítulodois: Meditação No Controle Da Raiva 9

MEDITAÇÃO DE RESPIRAÇÃO 9
Anulom Vilom Pranayama 10
Bhrastrika Pranayama 11
Kapalbhati 11
Pranayama Contada 11
MEDITAÇÃO BASEADA NO MOVIMENTO 12
Meditação Andando 13
Meditação Zazen 13

Capítulo Três: Meditação No Combate Ao Estresse E Ansiedade 17

MEDITAÇÃO DE ATENÇÃO PLENA 20
VISUALIZAÇÃO GUIADA 20
HIPNOSE 21

Capítuloquatro: Meditação Para Aumentar A Felicidade ... 22

CONTAGEM DE ATENÇÃO PLENA 25
RESPIRAÇÃO DE ATENÇÃO PLENA 26
REFEIÇÕES COM ATENÇÃO PLENA 26
EXERCÍCIO COM ATENÇÃO PLENA 27
MÚSICA COM ATENÇÃO PLENA 28
BANHO COM ATENÇÃO PLENA 28
COZINHAR E TAREFAS COM ATENÇÃO PLENA 29

SONHANDO COM ATENÇÃO PLENA 29

Capítulocinco: Ferramentas Necessárias Para Começar 31

LUGAR CALMO 31
AR 31
CONTAS 32
TAPETE E ALMOFADAS 32
ILUMINAÇÃO 32
PLANTAS 33
TIGELAS TIBETANAS 33
AROMAS 34
IMAGENS 34

Capítulo Seis: Mantras Meditacionais 35

OM 35
AIM 35
HRIM 36
KRIM 36
SHRIM 36
KLIM 36
LAM 37
VAM 37
RAM 37
YAM 37
HAM 38
OM 38

Conclusão 39

Parte 2 40

Introdução 41

BENEFÍCIOS DA MEDITAÇÃO 43
MEDITAÇÃO PARA INICIANTES 47

Capítulo 1: O Que É Meditação? 49

ORIGEM 50

Perspectivas Históricas 50
A Maioria Das Técnicas De Meditação Inclui Os Seguintes
Componentes: 58
Os Efeitos Da Meditação 60
A Diferença Entre Hipnose E Meditação 63
Uma Forma Simples De Meditação 63
Os Efeitos Da Meditação Sobre As Doenças 65

Capítulo 2 68

Benefícios Da Meditação 68

Os Numerosos Benefícios Da Meditação 73
Benefícios Espirituais Da Meditação 74
Benefícios Físicos Da Meditação 75
Benefícios Psicológicos Da Meditação 76

Capítulo 3 79

Meditação/Atenção Plena Para Uma Vida Melhor 79

Meditação Guiada Para Uma Vida Melhor 87
Meditação Para Relaxamento 89
Meditação Para A Cura 95

Capítulo 4 104

Meditação E Abundância 104

Estas São Quatro Práticas Simples Que Podem Ajudá-Lo Muito
A Criar Abundância Usando A Meditação: 109
Os Usos E Limitações Das Abordagens Mindfulness 114

Capítulo 5 121

As Melhores Técnicas De Meditação Para Iniciantes 121

Técnica # 1 Tire Um Horário Regular Para A Meditação .. *122*
Técnica # 2 Meditação Da Respiração *123*
Técnica #3 Meditação Da Chama *124*
Técnica # 4 Meditação De Olhos Abertos *125*
Técnica # 5 - Meditação Tradicional *125*

A Técnica # 6 Meditação Com Frequências Binaurais 127
Conclusão 130

Parte 1

Este livro é protegido por direitos autorais. Este livro é apenas para uso pessoal. Você não pode alterar, distribuir, vender, usar, citar ou parafrasear qualquer parte ou o conteúdo deste livro sem o consentimento do autor.

Aviso de Isenção de Responsabilidade:
Por favor, note que as informações contidas neste documento são apenas para fins educacionais e de entretenimento. Todos os esforços foram feitos para fornecer informações precisas, atualizadas e completas e confiáveis. Nenhuma garantia de qualquer tipo é expressa ou implícita. Os leitores reconhecem que o autor não está envolvido na prestação de aconselhamento jurídico, financeiro, médico ou profissional. O conteúdo deste livro foi derivado de várias fontes. Por favor, consulte um profissional licenciado antes de tentar qualquer técnica descrita neste livro.

Ao ler este documento, o leitor concorda que sob nenhuma circunstância o autor é responsável por quaisquer perdas, diretas ou indiretas, que sejam incorridas como resultado do uso das informações contidas neste documento, incluindo, mas não limitado a - erros, omissões ou imprecisões.

Introdução

Hoje em dia, onde as vidas se tornaram extremamente agitadas, todo mundo precisa de uma liberação que possa ajudá-los a evitar doenças que não são apenas de natureza física, mas também mentais.

Ao contrário das doenças físicas, as doenças mentais são difíceis de curar, pois variam muito de pessoa para pessoa e não vêm com um único tipo de tratamento. Algumas delas incluem estresse, ansiedade e raiva extrema.

Sevocê sofre de alguma delas e gostaria de encontrar uma solução para o seu problema, então você veio ao lugar certo!

Este livro irá atuar como seu guia para a meditação e conduzir sua vida na direção certa.

Você aprenderá como a meditação pode ajudá-lo a combater o estresse, a ansiedade e a raiva e levar uma vida feliz.

Espero que você aproveite a leitura deste livro!

CapítuloUm: Meditação e seus Benefícios

Neste primeiro Capítulo, explicaremos o significado da meditação e veremos alguns dos seus benefícios.

A meditação pode ser vista como um exercício mental que se faz para controlar os pensamentos e regular as ações. A meditação diz respeito a um único elemento que pode ser de natureza interna ou externa. A meditação é predominantemente realizada para alcançar a paz interior e combater pensamentos negativos.

A meditação vem da palavra meditar que significa pensamento profundo. Ele traça suas raízes para a antiga Índia, onde os iogues se entregavam a sessões profundas de raciocínio para controlar seus pensamentos e ações. Uma vez que os ocidentais começaram a adotar a prática, eles começaram a tratá-la como um meio de melhorar o foco. É considerado uma ferramenta para obter clareza mental e aumentar a produtividade.

Aqui estão alguns dos benefícios de começar a meditação.

Controle doestresse

O estresse é uma das doenças mentais mais comuns no mundo. Estilos de vida agitados levam ao aparecimento do estresse, que, por sua vez, leva à ansiedade. Quando uma pessoa fica estressada, muitas reações físicas negativas tendem a ocorrer, como aumento do batimento cardíaco, aumento da pressão sanguínea, descarga de adrenalina etc. Tudo isso é compensado por uma substância química conhecida como cortisol, que é produzida pelo cérebro para controlar estresse. Quando uma pessoa sofre de liberação excessiva de cortisol, pode levar a pânico e confusão mental. Também pode levar a desequilíbrio emocional e raiva extrema. É, portanto, melhor controlar a liberação de cortisol praticando a meditação.

Controle das emoções

Tanto a ansiedade como o estresse podem levar a problemas com raiva. A maioria das pessoas trata a raiva como uma forma de liberação para superar o estresse. Isso, muitas vezes, pode levar a consequênciasperigosas. Portanto, é aconselhável abordar a situação o mais cedo possível, a fim de levar uma vida calma e serena. Além de controlar suas emoções, a meditação também ajuda a distanciar o ponto onde você perde a paciência. Em alguns casos, até mesmo elimina a necessidade de ficar com raiva em uma situação, deixando você calmo e recolhido.

Aumento de serotonina

A mente faz uso de várias substâncias químicas para controlar como uma pessoa se sente. Estes são conhecidos como neurotransmissores e podem fazer uma pessoa se sentir feliz ou triste. Um desses neurotransmissores que promove a felicidade é conhecido como serotonina. A serotonina é conhecida por ter um efeito positivo na mente e no corpo. Se o seu cérebro produz serotonina suficiente, ele pode manter a depressão sob controle. Na verdade, você não precisa nem mesmo antidepressivos, pois a serotonina age como um antidepressivo natural. Sua mente estará em um nível mais elevado de consciência e impedirá você de reagir impulsivamente às situações.

A meditação pode ser praticada individualmente ou em grupos. É ideal praticar a meditação pelo menos duas vezes por dia para obter o máximo de benefícios.

CapítuloDois: Meditação no Controle da Raiva

A raiva é uma resposta humana natural a algumas situações desagradáveis. É normal que uma pessoa fique zangada se alguma coisa não sair do seu caminho. No entanto, se a raiva começa a se tornar um problema, então é preciso haver medidas de controle de raiva para combatê-la.

Raiva extrema pode potencialmente prejudicar o estado de espírito de uma pessoa e também levar à violência física. Nesse caso, é melhor para uma pessoa empreender práticas de meditação para controlar e, idealmente, acabar com as questões de raiva.

Aqui está uma espiada em algumas técnicas básicas de meditação que podem ajudá-lo a controlar sua raiva.

Meditação de respiração

Respirar é um processo natural. Quando uma pessoa respira, o seu corpo todo se beneficia de um modo ou de outro. Ar fresco ajuda a suprir as várias partes do corpo de oxigênio reduzindo o impacto do estresse nos órgãos. A meditação dá ênfase na respiração e a considera uma parte importante do controle da raiva.

A seguir estão práticas meditacionais baseadas na respiração.

Anulom Vilom pranayama

Anulom vilom é uma das técnicas de respiração mais populares do mundo. É uma prática de meditação destinada a aliviar o estresse e a ansiedade. Para começar a prática, comece assumindo a posição de lótus. A posição de lótus é aquela em que você se senta com as pernas dobradas e as costas retas. Coloque as palmas das mãos nos joelhos. Feche os olhos e coloque o polegar direito sobre a narina direita. Inspire pela narina esquerda e segure a respiração. Solte o polegar da narina direita e cubra a esquerda. Expire pela narina direita antes de respirar novamente. Feche a narina direita e segure a respiração antes de liberá-la pela esquerda. Agora expire e inspire pela narina esquerda e assim por diante. Continue fazendo isso por 5 a 7 minutos.

Bhrastrika pranayama

Bhrastrika pranayama é outro tipo de meditação de respiração que pode te ajudar a afastar pensamentos e emoções negativas. Para realizar este exercício, assuma a posição lótus e feche os olhos. Curve-se suavemente para respirar fundo. Gentilmente levante a cabeça para expirar. Continue por 2 minutos. Este é um exercício intensivo e pode deixá-lo leve. Pare se você se sentir tonto.

Kapalbhati

Kapalbhati é um exercício que é bastante eficaz em instantaneamente envolver sua mente e acalmá-la. Para realizar este exercício, assuma a posição de lótus e feche os olhos. Expire rapidamente com a respiração proveniente do estômago e assegure-se de que toda a respiração seja expelida de uma só vez. Continue por 5 minutos.

Pranayama contada

Pranayama contada é onde você faz uso de números para atrair sua mente de volta à sua respiração. Esse tipo de pranayama faz com que você use um padrão específico para contar sua respiração. Para começar, respire fundo e conte até 2. Em seguida, segure a respiração por uma contagem de 8. Uma vez feito isso, liberte sua respiração para uma contagem de 4. Você tem que gradualmente reduzir o tempo que você leva para inalar e exalar sua respiração. Continue isso por 5 a 8 minutos.

Estes são os diferentes exercícios respiratórios que você pode fazer para acalmar sua mente. Quanto mais regularmente você fizer isso, melhores serão os resultados.

Lembre-se de não exagerar nesses exercícios, pois isso pode levar ao estresse. Limite os exercícios respiratórios a não mais do que 10 minutos por dia. É melhor realizá-las assim que você acorda de manhã.

Meditação baseada no movimento

Um ponto a ser observado é que a meditação nem sempre é sobre sentar-se calmamente em um lugar e praticar exercícios respiratórios. Existem alguns tipos que permitem incorporar movimento físico. Aqui estão alguns métodos baseados em movimentos explicados em detalhes.

Meditação andando

Como o nome sugere, a meditação andando refere-se à meditação realizada durante a caminhada. Para começar com a meditação andando, comece por encontrar uma longa passagem ou estrada que esteja livre de obstáculos. Um parque funcionará bem. Encontre um canto quieto e fique em pé com as mãos ao seu lado. Aperte seu punho e respire fundo. Solte a respiração e coloque a perna direita para a frente. Inale a respiração e coloque a perna esquerda para a frente. Expire e coloque a perna direita para a frente e assim por diante. Repita este padrão por 10 a 15 minutos. Considere usar um temporizador para cronometrar sua próxima etapa.

Meditação Zazen

O zazen é um tipo de meditação baseada no movimento que faz com que você mova o corpo para frente e para trás. Para realizar essa meditação, comece sentado com o corpo descansando nas pernas dobradas. Certifique-se de que você está confortável e suas pernas não estão tendo cãimbras. Coloque um objeto de alguma relevância à sua frente, como uma estátua de Buda ou uma planta de vaso. Fixe seu olhar no objeto e comece a balançar seu corpo para frente e para trás. Certifique-se de manter um movimento consistente e que seu corpo absorva todo e qualquer movimento de balanço deixando você sentindo formigamento. Faça isso por 15 a 20 minutos todos os dias para obter o máximo de benefícios.

Estas são duas das práticas de meditação baseadas no movimento mais populares que você pode usar para se acalmar.

Algumas dicas para acalmá-lo instantaneamente com meditação.

- Encontre um loal silencioso e feche os olhos. Conte até 10. Considere contar ao contrário para aumentar a dificuldade para a sua mente e para que o esforço adicional o distraia.

- Sente-se em um local silencioso e feche os olhos. Respire fundo de 10 a 15 vezes e foque no ar entrando e saindo do seu corpo.
- Se você estiver em um ambiente natural, aproxime-se de um elemento da natureza, como árvores, mar ou grama. Fique ao lado deste elemento e respire profundamente.
- Se uma pessoa em particular está deixando você com raiva, vá imediatamente para um lugar calmo e feche os olhos. Concentre-se nas qualidades positivas da pessoa e combata os sentimentos negativos. Isso também se aplica a situações. Certifique-se de se concentrar mais nos aspectos positivos da situação.
- Tire um tempo no seu horário de trabalho ocupado para fazer uma lista de coisas que estão te incomodando. Assuma a pose de lótus e faça exercícios de respiração. Traga cada assunto para a sua consciência e exale-o do seu sistema.
- Certifique-se de manter um diário para escrever sobre seus episódios de

raiva. Saber o que desencadeia esses episódios pode ajudá-lo a se tornar proativo e rapidamente assumir uma postura meditativa para combatê-lo.

Capítulo Três: Meditação no Combate ao Estresse e Ansiedade

Estresse, nos dias de hoje, é um estado mental inevitável porque todo mundo é forçado a levar uma vida agitada.

A ansiedade é uma condição em que uma pessoa fica nervosa em antecipação a uma situação desfavorável futura. A maioria dessas antecipações é infundada e um resultado direto do estresse excessivo.

Tanto o estresse como a ansiedade podem ser efetivamente reduzidos através da meditação. Aqui está uma breve espiada em como a meditação pode ajudá-lo a reduzir a ansiedade.

- O primeiro passo do processo é encontrar a causa raiz de seu estresse ou ansiedade. Sem saber o que está causando o seu estresse, você não será capaz de combatê-lo efetivamente. Uma vez que você conheça a natureza do seu estresse, você será capaz de escolher o tipo certo de prática meditacional para combatê-lo.

- Lembre-se que a meditação ajuda a combater a raiva e não elimina sua causa raiz.
- Uma vez que tenha anotado as causas, tente solucioná-las de forma que seja mais fácil de canalizar uma paz interior através da meditação.
- A ansiedade geralmente se instala quando você está cercado pelo caos. O caos pode ser interno ou externo por natureza. Algumas formas de caos interno incluem ciúme, incerteza e insegurança. O caos externo inclui distrações, ódio, etc. Com a ajuda da meditação, você pode combater tudo isso e acabar com os pensamentos e emoções negativos.
- O caos externo geralmente leva ao estresse físico e à ansiedade. A meditação ajuda você a abrir seu corpo e mente. Deixa você se sentindo mais calmo.
- A meditação tem a qualidade de subjugar toda a negatividade e promover a positividade. Cria um canal para eliminar a negatividade.
- A meditação é uma ferramenta poderosa que pode ser usada para aliviar a

tensão e o estresse. É considerada uma ferramenta que pode ser usada para mudar a atitude de uma pessoa e aceitar a vida como ela ocorre.

- A ansiedade geralmente leva ao início da raiva. Como lemos no Capítulo anterior, não controlar a raiva pode levar a consequências devastadoras. Ao controlar a ansiedade através da meditação, você pode efetivamente controlar a raiva e evitar suas repercussões.
- Através da meditação, você gradualmente perceberá que seu estado de espírito e controle sobre sua mente é mais poderoso que a raiva.
- Desenvolva o hábito de deixar coisas que não exigem muita atenção ou ênfase. A meditação pode ajudá-lo a esse respeito, reduzindo a negatividade e impedindo que você entre em estado de ansiedade.
- De acordo com pesquisas, a ansiedade às vezes muda a maneira como a pessoa pensa. Se você alcançou este estado, então você pode ter que entrar em intensa meditação para resolver o problema e arrancá-lo do núcleo.

A seguir estão algumas das técnicas de meditação que você pode adotar para derrotar o estresse e a ansiedade.

Meditação de atenção plena

A meditação de atenção plena é sobre voltar o foco para a situação atual e não dar atenção às distrações ao seu redor. Essa técnica funciona melhor no escritório, onde você deseja evitar distrações e se manter focado no seu trablho. Vamos ver esse tipo de meditação em detalhe neste capítulo.

Visualização guiada

A visualização guiada é sobre usar a energia da sua mente para mudar sua situação atual. De acordo com este método, você precisa sentar em um lugar calmo e visualizar um futuro onde todos os seus problemas sumiram e você está vivendo uma vida livre do estresse. Você está num ambiente natural, como flutuando num rio que corre através de um campo, e você está cercado de felicidade.

Hipnose

Hipnose é um tipo de prática meditacional que é usada como último recurso para acalmar o estresse e a ansiedade. Diferente da terapia de hipnose profissional, a hipnose é se colocar num estado de subconsciência, no qual você consegue ver as coisas com clareza. Para realizar essa terapia, comece encontrando um lugar calmo e assuma a posição reclinada. Agora volte seu foco na sua mente subconsciente e tente acessar o que tem lá. Se acontecer de ser um pensamento perturbador, pense em como trazê-lo para frente e elimine-o ou lide com ele. Você pode fazer isso uma vez por semana para remover qualquer negatividade.

CapítuloQuatro: Meditação para Aumentar a Felicidade

Meditação e mindfulness (ou atenção plena) estão intimamente ligadas. Mindfullness é sobre estar presente no momento e garantir que sua mente está completamente focada em uma coisa e particular.

Aqui vamos dar uma olhada na relação entre os dois em mais detalhes.

Acredita-se que a prática de mindfullness é um modo poderoso de combater o sofrimento e aumentar a confiança e a sabedoria. Essa prática não só ajuda a aumentar sua própria sabedoria como também influencia as pessoas ao seu redor.

Mindfullness é, geralmente, ensinada junto à meditação na maioria das escolas budistas. Isso ajuda os monges a atingir um nível mais profundo de consciência interna.

Mindfullness pode ser usado como um meio de tranportr nossas mentes a um lugar calmo. É usado para manter distrações de lado e aumentar o foco na situação atual. A mente humana tem a tendência de se distrair e só consegue se focar em uma coisa de cada vez. Para resolver isso, as ferramentas de mindfullness podem ser empregadas.

Podemos dizer que mindfullness não nos move num sentido oposto; mas que nos ajuda a atingir um modo natural. Ela nos ensina a estar mais presente no momento atual e a absorver a atmosfera que está a nossa volta. Isso ajuda a reduzir o estresse e controlar a ansiedade em larga escala.

Mindfullness ajuda o indivíduo a penetrar profundamente na sua consciência, assim melhorando seu autocontrole. A mente não divaga e assim sofre menos. Um estado de alerta ajuda a entender seus arredores melhor e afasta reações como raiva, ódio, inveja e estresse.

Por estar mais presente em seu próprio eu, você tem a oportunidade de se aprofundar em seus pensamentos e extrair deles uma sabedoria embutida que já está dentro de você. Essa prática tem o potencial de impedi-lo de sucumbir na negatividade e evitar o aparecimento de estresse e ansiedade.

Você vai se sentir mais vivo e no momento. Sua mente não vai se distrair facilmente e vai se manter em um lugar, o lugar onde você quer que sua mente se mantenha. Acredita-se que a maioria das pessoas tende a fugir das situações atuais na esperança de chegar em um lugar elhor. Mas fazer isso só vai piorar o caso e tornar mais difícil aceitar as coisas. Então, é melhor mergulhar em mindfullness para lidar com a situação e não deixar isso levar a sofrimento.

Mindfulness é sobre prestar muita atenção ao momento presente. Prestar atenção aos detalhes torna mais fácil para uma pessoa resolver as coisas e estar mais presente na situação atual. É importante ficar feliz e no momento.

Quando nos tornamos conscientes, tendemos a não ficar incomodados com as pequenas coisas da vida. Nosso foco está totalmente no atual e no que estamos fazendo. Mesmo que alguém se esforce ao máximo para irritar ou incomodar você,

você ainda não se distrai e continua com seu próprio trabalho. Se você acha que precisa haver uma mudança na configuração, ela ocorrerá automaticamente sem precisar pensar muito ou se esforçar.

Então, como alguém pratica a atenção plena? Bem, vamos descobrir!

Como mencionado anteriormente, mindfulness ésobre estar presente no momento atual. Você tem que reunir seus pensamentos e canalizar sua energia positiva.

Para ajudá-lo a começar, aqui estão alguns exercícios de mindfulness que você pode usar no dia-a-dia

Contagem de atenção plena

Um dos melhores e mais fáceis exercícios de mindfullness é a contagem de atenção plena. Contagem de atenção plena se é contar em ordem crescente ou decrescente dependendo do quão concentrado se deseja estar. Comece no 0 e conte até 60. Quando terminar, conte de volta do 60 até o 0. Continue isso até sua mente estar totalmente no momento presente. Essa técnica pode ajudar a combater estresse e garantir que você esteja capaz de analisar a situação antes de tomar alguma atitude.

Respiração de atenção plena

Respiração de atenção plena é manter o foco em sua respiração. É parecido com Anulom Vilom, exceto que você mantém o foco na sua respiração normal. Feche os olhos e visualize sua respiração entrando e saindo pelas suas narinas. Assegure-se de fazer uma respiração profunda que comece pelo abdôme. Você pode contar até 5 enquanto foca na sua respiração. Se você faz isso por 5 a 10 minutos por dia, então você vai se sentir completamente renovado e sua mente se sentirá energizada. Também pode ajudar a diminuir as distrações e ajudar a focar na tarefa a ser feita.

Refeições com atenção plena

Comer é uma parte muito importante da vida. Precisamos comer para viver. Muitas pessoas tendem a se apressar nas suas refeições e não aproveitar sua comida. É importante evitar fazer isso porque isso faz com que o aproveitamento nutricional seja reduzido. Começando a praticar a alimentação com atenção plena, você pode trazer o foco da sua mente para a sua refeição e aproveitar melhor a comida. É importantíssimo investir pelo menos 30 minutos em todas as refeições. Feche seus olhos enquanto mastiga a comida. Concentre-se em todos os sabores e assegure-se de que está aproveitando cada aspecto da refeição. Faça isso para todas as 3 refeições do dia.

Exercício com atenção plena

Exercícios sãouma parte essencial da vida. Se você não se exercita seu corpo começa a liberar mais cortisol como resposta ao stress. Mas através do exercício é possível aumentar a quantidade de serotonina no seu corpo. A melhor opção é começar exercícios com atenção plena. Comece levantando-se cedo de manhã e alongando seu corpo todo. Saia para uma caminhada ou corrida. Mantenha seu foco na atividade e nos seus arredores. Se você tem um animal de estimação, leve-o para caminhar. Não se apresse nesse processo e aproveite cada parte dele.

Música com atenção plena

A música é um dos eliminadores de estresse mais naturais do mundo. Ao ouvir atentamente a música, você pode acabar com o estresse e a ansiedade. Ouça a música de forma consciente e concentre-se nas várias batidas. Se você não tiver tempo para sentar e ouvir música, coloque seus fones de ouvido enquanto faz as tarefas domésticas e siga em paz.

Banho com atenção plena

As pessoas esqueceram de apreciar as pequenas coisas da vida e estão sempre com pressa para terminar uma tarefa ou outra. Um grande eliminador de estresse é tomar um banho consciente. Um banho não só ajuda a limpar o corpo, mas também acalma a mente. Passe pelo menos 30 minutos no chuveiro se satisfazendo e permaneça totalmente focado nessa atividade. Comece ligando o chuveiro e visualize que você está sob uma cachoeira. Pegue o sabonete e sinta o cheiro para despertar os sentidos. Passe a barra pelo seu corpo e mantenha seu foco no caminho que ele deixa. Ensaboe-se e tome seu tempo para se lavar. Essa experiência pode ajudá-lo a superar um dia estressante.

Cozinhar e tarefas com atenção plena
É importante estar completamente atento ao cozinhar refeições e realizar tarefas diárias. Não se dedique a assistir televisão ou a ter outras distrações. Você deve estar totalmente focado na tarefa sendo realizada.

Sonhando com atenção plena
Seus sonhos podem dizer muito sobre sua mente subconsciente. Na verdade, eles mantêm em segredo o motivo pelo qual você pode estar passando por estresse e ansiedade. Para entendê-los melhor, é melhor se envolver em sonhos conscientes. Repita a frase "Vou lembrar do meu sonho" 10 a 12 vezes antes de me deitar. Isso ajudará você a lembrar melhor o seu sonho de manhã. Mantenha um livro e uma caneta para anotar o sonho assim que acordar. Tente encontrar um padrão em seus sonhos para ter uma idéia melhor

do que realmente está incomodando. Depois de descobrir o que está incomodando, você pode trabalhar para resolver o problema por meio da meditação.

CapítuloCinco: Ferramentas necessárias para começar

Agora tenho certeza e que você já entendeu a importâcia da meditação e como ela pode te ajudar a canalizar uma calma interna.

Neste capítulo vamos olhar algumas das coisas que você precisa para começar com a prática da meditação.

Lugar calmo

Uma das coisas mais importantes da meditação é ter uma atmosfera calma. Você precisa encontrar um local calmo para garantir que não haverá distúrbios ao redor. Uma boa ideia é dedicar um cômodo para isso para que você possa meditar em paz. Você precisa informar a sua família para não te interromper quando você entra no cômodo. Se quiser algo mais aberto, pode considerar usar a varanda ou o jardim.

Ar

O cômodo deve ser arejado. Assegure-se de que há ventiladores. Sente-se sob o ventilador para manter o ar circulando. Considere sentar no jardim ou num espaço aberto para respirar ar puro. Oxigênio fresco é poderoso suficiente para acalmar sua mente e reviver seu corpo.

Contas

É recomendável que se uso colares de contas para acompanhar a contagem dos seus mantras. Você pode esquecer o número de mantras e ter que começar de novo. Um colar de contas pode ajudar a contar o número de mantras e serve como objeto para voltar o foco.

Tapete e almofadas

A ideia por trás da meditação é que seja confortável para você o máximo possível para que seja mais fácil para a sua mente manter o foco na prática. Invista em um tapete e almofadas confortáveis que vão te colocar instantaneamente no clima e assegurar que estará feliz quando começar a pática.

Iluminação

Assegure-se de que haja boa iluminação na sala para que você não caia no sono. É importante ter um filtro que controle a luz que entra na sala, mas também não pode ser muitoe scura. Considere luzes com dimmer ou coloridas para acertar o clima. Se escolher coloridas, escolha cores como azul ou verde. Rosa pode te acalmar instantaneamente e te colocar no clima adequado para meditar. Se você pretende sentar num ambiente natural, então considere sentar sob o sol diretamente porque isso pode melhorar a aura.

Plantas

O dieal é estar o mais próximo o possível da natureza enquanto se medita. Se você está ao ar livre, então escolha sentar perto de alguma planta cheirosa como rosas ou jasmins. Considere posicionar um vaso na sua sala de meditação e voltr seu foco para ele toda vez que se sentar para meditar.

Tigelas tibetanas

As tigelas tibetanas são ferramentas budistas tradicionais que são usadas para gerar sons ambientes numa sala. É importante esclher uma área silenciosa para que não haja distrações. Coloque a tigela na sua frente e use a baqueta para bater nela. Isso vai gerar um som vibrante que vai te acalmar instantaneamente.

Considere cantarlar junto com o som da tigela e canalizar paz interna.

Aromas

Quando falamos de maditação, o ideal é ter uma experiência de todos os sentidos. Isso significa que você volta seu foco para a luz, para o ar, e também par os cheiros da sala. Se sua sala está abafada ou se há algum odor, então você pode não conseguir se focar na meditação. Então, o ideal é usar incensos para neutralizar os odores. Alguns aromas como lavanda, rosa, e sândalo acalmam a mente instantaneamente e promovem positividade. Velas aromatizadas também são uma alternativa. Acenda lgumas à sua frente e volte seu foco para a luz para melhorar sua experiência.

Imagens

Apesar de a meditação não se enquadrar em uma religião em particular, ela é muito associada ao budismo. Você pode colocar uma imagem de Buda na sala, ou até uma imagem de Ganesha. Assegure-se de que consegue vê-las quando sentar para meditar.

Capítulo Seis: Mantras Meditacionais

Um aspecto chave da meditação são os cantos, ou mantras. Mantras são nada mais que palavras simples que podem ter um impacto muito grande no seu estado mental. Apesar de eles serem palavras simples, eles são extremamente poderosos e podem trazer uma mente distraída de volta ao foco.

Há alguns mantras que você pode recitar para canalizar a paz interna e eles são os seguintes.

Om

Um dos mantras mais amplamente usados no mundo da meditação é o "Om". Esse é dito o mais poderoso mantra no mundo porque manda vibrações de cima para baixo e de baixo para cima no seu corpo quando você o recita. Como é uma palavra simples, você pode repeti-la quantas vezes quiser. Mas assegure-se de sentir as

Aim

Aim é o feminino de Om e é usada para canalizar a energia feminina.Recitando "Om" e "Aim", você cria um balanço entre os lados mascullino e ffeminino que leva a uma vida harmoniosa.

Hrim
Hrim é um mantra poderoso que é associado à criação e preservação. Pode-se usar esse mantra para aumentar a autoconfiança. Geralmente é recitado logo após "Aim".

Krim
Krim é um mantra usado para controlar os níveis de cortisol e deixar a mente com um aumento positivo. Também ajuda a controlar a adrenalina e garante que sua mente e seu corpo estejam alinhados.

Shrim
Shrim é um mantra poderoso que representa devoção. Esse mantra poderoso pode ser usado para aumentar a concentração e o foco na positividade.

Klim
Klim é um mantra que encerra a prática. Klim é um mantra que acalma e relaxa a mente e o corpo.

O corpo humano é constituído de 7 chakras escondidos que se localizam no centro a distâncias iguais um do outro. Se esses chakras estão bloqueados, então você terá problemas de saúde tanto mental como física. É importante manter esses chakras purificados para previnir estresse e ansiedade.

Há mantras específicos que influenciam esses chakras e ajudam a eliminar esses bloqueios. Alguns desses cantos estão descritos a seguir.

Lam
Lam ajuda a arrumar o primeiro chakra. Ese hakra fica na base do seu corpo.

Vam
Vam é usado para purificar o segundo chakra, que fica levemente acima do primeiro chakra.

Ram
O terceiro chakra fica embaixo do esterno e pode ser purificado cantando o mantra Ram.

Yam
Yam é um mantra poderoso que pode te ajudar a purificar o seu quarto chakra. O quarto chakra também é conhecido como o chakra do coração e ele controla todos os outros chakras.

Ham

Ham é um mantra usado para purificar o quinto chakra que fica no centro da sua garganta.

Om

Como discutido anteriormente, Om é um poderoso mantra que pode te ajudar a limpar todo o seu sistema e promove energia positiva.

Todos esses mantras juntos são conhecidos como mantras bija e juntos mentém seus chakras purificados.

Assegure-se de falar pelo menos um conjunto de paravras todos os dias por 20 minutos. Conforme o tempo passa e seus chakras se purificam, você começa a se sentir leve e livre de estresse. Isso também vai controlar os problemas relacionados à raiva e te tornar uma pessoa melhor.

Conclusão

Agradeço mais uma vez a você por escolher este livro e espero que você tenha se divertido lendo ele.
O principal objetivo deste livro é de ensinar os princípios básicos da meditação e mostrar como você pode usar a meditação no dia-a-dia.
Você precisa se esforçar para praticar meditação todos os dias.
Você pode pedir a um parceiro para que se junte a você de forma que um possa manter o outro motivado para continuar praticando.
Lembre-se de dar tempo à prática para que ela mostre efeitos no seu corpo e mente. Esse tempo pode variar dependendo da sua personalidade e capacidade mental.
Desejo-lhe sorte nas suas aventuras meditationais e espero que obtenha resultados positivos.

Parte 2

INTRODUÇÃO

Então você quer aprender a meditar? Ouvimos sobre meditação nos jornais, lemos sobre ela na internet e alguns de nós até temos amigos que a praticam. Hoje em dia, o estresse é tão grande na vida de tantas pessoas que muitas delas estão retornando a essa prática de séculos atrás que é a meditação. A meditação não é nem religião, nem cultura. Embora seja praticada pelos budistas, você não tem que ser budista para meditar.

De fato, milhões de pessoas meditam regularmente sem terem nenhuma ideia sobre budismo. Mesmo assim, muita gente ainda tem a falsa crença de que para se meditar, é necessário ser budista ou é preciso ir para um monastério em alguma montanha na Ásia. Isso não poderia estar mais longe da verdade.

Então, você pode estar se perguntando: o que é exatamente a meditação? Bem, de acordo com a Wikipedia, a meditação é "uma disciplina mental em que se chega além da mente reflexiva, 'pensante', mergulhando em um profundo estado de relaxamento ou consciência." O que isso significa? Em português claro, a meditação tem a ver com se tornar mais consciente de si mesmo, e assim desenvolver uma mente mais clara e mais focada.

A meditação é uma das grandes práticas orientais que começaram a se estabelecer na cultura ocidental. Na verdade, em todas as partes do mundo as pessoas estão se beneficiando dela, tanto mentalmente quanto fisicamente. Então, por que não estão todos meditando? Poderia ser porque nem todos sabem de todos os benefícios surpreendentes da meditação, como o aumento do relaxamento e a diminuição dos níveis de ansiedade e depressão. Este artigo contém uma lista com alguns dos muitos benefícios da meditação, e um conjunto de instruções para que você possa iniciar a sua própria prática.

Este livro é dividido em duas seções principais. Primeiro, vamos discutir os benefícios da meditação. Depois disso, falaremos sobre como você pode começar sua própria prática de meditação. Se não conhece os muitos benefícios da meditação, recomendamos que leia a próxima seção. Isso vai te ajudar a se motivar para permanecer com a prática. Se você já conhece os benefícios da meditação, sinta-se livre para pular essa parte.

BENEFÍCIOS DA MEDITAÇÃO

Na última década tem havido muitos estudos sobre os efeitos da meditação, assim como o quanto ela consegue nos ajudar tanto mentalmente quanto fisicamente.

As pesquisas sobre meditação demonstraram que meditar por curtos períodos de tempo aumentam as ondas alfa, que fazem com que nos sintamos mais relaxados, ao mesmo tempo que diminuem nossos sentimentos de ansiedade e depressão. As ondas alfa fluem através das células no córtex cerebral, onde processamos informações sensoriais. Essas ondas ajudam a inibir informações sensoriais irrelevantes, permitindo que nos foquemos. Quanto mais ondas alfas temos, melhor nos focamos.

Em seu trabalho, "O que é meditação?", Rob Nairn considera a meditação como uma "atenção vazia". Ele explica: "É um estado mental altamente alerta e hábil porque requer que se esteja psicologicamente presente com o quer que aconteça dentro e ao redor da pessoa, sem adicionar nem subtrair nada disso de modo algum."

A meditação traz muitos benefícios à saúde. Curiosamente, uma maior habilidade de se manter focada permite às pessoas que sofrem de dores crônicas a aliviarem suas dores ao não se focarem nela. Ela também pode ajudar com vários outros problemas de saúde, incluindo: ansiedade, depressão, estresse, insônia, AIDS e câncer. A meditação também pode melhorar o sistema imunológico do corpo, nos tornando menos suscetíveis a doenças.

Estudos também mostraram que a meditação ajuda a reverter doenças do coração. No periódico Stroke, foi pedido a 60 afro-americanos que sofriam com endurecimento das artérias para meditar por 6 a 9 meses. Os que meditaram mostraram uma diminuição notável na espessura das paredes das artérias. Os que não meditaram, ao contrário, mostraram aumento na espessura das paredes arteriais. As constatações foram bastante dramáticas. A meditação tem um potencial de diminuir em 11% o risco de um ataque cardíaco, e de 8 a 15% de diminuir o risco de um derrame.

A meditação também traz benefícios para nossas mentes. Ela nos ensina a controlar melhor nossos pensamentos. Isso nos dá a capacidade de aquietar aqueles impulsos negativos que temos de vez em quando.

Um estudo de 2007, intitulado "Treino mental afeta a distribuição de recursos limitados do cérebro" na PLOS Biology, sugere que a meditação frequente leva a maiores períodos de atenção.

Um estudo de 2008, intitulado "Regulação do circuito neural de emoção pela meditação compassiva: efeitos do domínio da meditação", na PLOS One, descobriu que aqueles que meditavam tinham níveis mais altos em áreas do cérebro ligadas à empatia.

Através da meditação, nós ganhamos melhor concentração, espontaneidade, criatividade, felicidade e paz de espírito. Atores experimentam em primeira mão os efeitos da meditação na criatividade em suas aulas de atuação. Sempre que fazem uso de seus impulsos criativos, eles meditam antes. Pode parecer estranho à primeira vista, mas os resultados são surpreendentes. Uma vez que a mente está livre da bagunça, a criatividade vem para a superfície.

Finalmente, a meditação pode nos ajudar a descobrir nosso propósito de vida. Ao voltarmos a atenção para o nosso interior, e ao nos focarmos puramente em nosso próprio ser por longos períodos de tempo, a meditação pode nos ajudar a obter uma nova perspectiva de vida, desimpedida pela nossa própria perspectiva egoísta. Se você quiser responder a mais filosófica pergunta: "Quem sou eu?", não há melhor maneira de se fazer isso do que através da meditação.

Isso é o bastante sobre os muitos benefícios da meditação. Existem muitos outros sites na internet que descrevem a meditação e como ela pode te ajudar. Vamos começar a aprender como fazer.

MEDITAÇÃO PARA INICIANTES

Não há somente um jeito de meditar. Como preparação para esse processo, comece deixando ir toda e qualquer expectativa que você possa ter. Para as primeiras vezes, apenas sente-se confortavelmente no chão, sobre uma almofada ou em uma cadeira, e tente aquietar sua mente. Você provavelmente terá muitos pensamentos rodando em sua cabeça: sobre a roupa para lavar, sobre o jantar, sobre dinheiro, sobre os filhos, sobre a escola, sobre o fim de semana, etc. Não tente lutar contra seus pensamentos. Eles são perfeitamente naturais. Enquanto eles atravessam sua mente, perceba-os, aceite-os e então gentilmente traga seu foco e atenção de volta. Você receberá uma explicação mais detalhada em um momento. Quanto mais você praticar a meditação (não em uma única vez, mas no curso de sua vida), mais você será capaz de aquietar seus pensamentos, acalmar sua mente e se focar.

CAPÍTULO 1: O QUE É MEDITAÇÃO?

O que é meditação? A palavra meditação foi mal interpretada e usada incorretamente, especialmente na cultura de massa. Passou a ser utilizada para referir-se à contemplação, ao sonhar de olhos abertos ou mesmo à fantasia. Na Yoga (Ashtanga Yoga), a palavra para meditação é dhyana e não significa nem contemplação nem imaginação.

Estas são questões comuns quando se começa a aprender sobre meditação. No ocidente, a palavra meditação significa um estado concentrado da mente em reflexão séria. A raiz latina da palavra meditação, mederi, significa "curar". Então o que é a meditação? Você não deve complicar a resposta, simplesmente entenda: meditação é uma abordagem que qualquer pessoa pode usar para ajudá-la a lidar com problemas de saúde, estresse e ansiedade, por meio do pensamento, da contemplação e da reflexão.

Origem

Encontrar a origem da meditação pode ser bastante difícil. A meditação tem profundas raízes na Ásia, e países como China, Índia e Japão a praticam há milhares de anos. Tribos do sul da Índia desenvolveram a meditação tântrica há aproximadamente 15 mil anos. A meditação tântrica era muito comum naqueles dias. Então, o conceito de meditação emergiu da Ásia e tomou diversas formas no mundo todo. Outros pontos de vista sobre a origem da meditação afirmam que ela se originou da curiosidade do ser humano pelo propósito da humanidade, do universo e também para encontrar Deus olhando para dentro de si mesmo para concretizar sua natureza e existência.

PERSPECTIVAS HISTÓRICAS

Os historiadores concordam que a meditação evoluiu durante tempos antigos desconhecidos e que não era praticada do modo como a praticamos agora. Os taoístas já praticavam a meditação entre 500 e 600 a.c. Os budistas também começaram a usar a meditação na mesma época. Na história, Buda é um dos maiores promotores da meditação. Ele foi o único a ensinar a meditação em 500 a.c. Buda introduziu as formas básicas de meditação, e todo o mundo adaptou e transformou essas técnicas de meditação de acordo com suas necessidades e propósitos. Importante notar aqui que os países orientais foram os pioneiros na meditação e em alcançar alívio usando diversas técnicas de meditação. O ocidente adaptou essa cultura do oriente. Durante o século 20, os pesquisadores ocidentais conduziram pesquisas sobre meditação e acabaram descobrindo seus benefícios físicos e psicológicos. Desde então, eles estão usando meditação como uma prática difundida em sua cultura. A população ocidental a pratica amplamente para paz de espírito e para obter alívio do estresse da vida diária. Hoje em dia, observamos uma baixa na prática, e a razão é a falta de tempo.

Há muitos anos a meditação era considerada como algo que não era para pessoas modernas, mas agora se tornou muito popular entre os mais diversos tipos de pessoas. Evidências médicas e científicas foram publicadas e provaram seus benefícios.

A meditação engloba um grande número de práticas que são um pouco diferentes, ainda que mantendo os princípios de atenção e pensamento calmo para trazer um estado de contemplação. Existem vários tipos de meditação que são reconhecidas, incluindo a oração, a meditação Zen, a taoísta, a atenção plena(comumente chamada de mindfulness) e a budista. Alguns métodos de meditação podem exigir que o corpo fique absolutamente imóvel ou que seja movido com deliberação controlada, enquanto outros tipos permitem a movimentação livre. Enquanto os métodos são diferentes, a meta final de todos os tipos de meditação leva a uma mente quieta e livre de estresse pelo uso da contemplação silenciosa e reflexão.

A meditação é uma prática específica que acalma a mente, levando-nos para além das nossas dúvidas, ansiedades e julgamentos, ou em outras palavras: para além da prisão dos nossos condicionamentos mentais. É um estado de consciência além do estado ordinário de vigília. A meditação é um meio para entender e experimentar o centro interior de consciência.

A meditação não é uma religião, embora desempenhe um papel importante em todas as tradições e seja usada para enriquecer a experiência espiritual. A meditação é uma ciência, o que significa que ela possui princípios definidos, que há um processo específico que é seguido e que produz resultados que podem ser verificados.

A prática da meditação é a prática de limpar a mente, permitindo que ela se torne relaxada e interiormente focada. Meditação é um estado de consciência relaxada: sua mente está limpa, você está completamente acordado e consciente, mas a mente não está focada no ambiente externo nem nos eventos que estão acontecendo ao seu redor. Você está cultivando um estado interior que é unidirecionado e quieto, para que a mente possa deslizar para o silêncio. Quando ocorre a quietude e a mente se silencia e não o distrai mais, a sua meditação se aprofunda.

Nesta era "moderna", não somos educados para olhar para dentro; todas as práticas educacionais estão focadas em examinar o mundo externo. Como resultado, nós permanecemos na maior parte do tempo estranhos à nossa verdadeira natureza. Vastas paisagens da nossa mente permanecem desconhecidas, o profundo reservatório da nossa mente inconsciente (subconsciente) permanece como um mistério e fora do nosso controle. O resultado é a confusão, a dúvida e o desapontamento, muitas vezes desempenhando o papel principal em nossas vidas. Foi dito que o corpo está completamente contido na mente, mas a mente (intelecto) não está contida no corpo. É só através da consciência que surge na meditação que podemos realmente desenvolver um controle sobre a mente.

Para atingir o objetivo da meditação, que é ir além da mente e experimentar nossa natureza essencial, nosso maior obstáculo é nossa própria mente, que fica entre nós e a pura consciência. Essa é a razão pela qual a mente é muitas vezes chamada de "mente de macaco", e porquê a prática de treinar a mente é comparada ao treinamento de um cãozinho. A mente resiste a qualquer tentativa de controle, porque parece que nossas mentes tem uma mente própria. É a mente fora de controle que nos leva a experimentar as imagens, as visões e as fantasias, em vez de ter a verdadeira experiência de meditação.

A prática da meditação é a prática de aquietar e acalmar a si mesmo, de se desprender de julgamentos e ver as coisas como elas realmente são. É uma maneira de treinar a mente para que você não seja pego nessas distrações sem fim. A meditação é o processo de sistematicamente explorar suas dimensões interiores.

Meditação é um compromisso: você está se comprometendo com uma prática, não com um ritual ou cerimônia. A meditação não força a mente a ficar quieta (realmente não pode ser feito desse jeito); em vez disso, é o processo de deixar ir e descobrir a quietude que está sempre presente por trás da tela do nosso diálogo interno. A meditação exige certa disciplina, há uma necessidade de consistência. Meditação é como aprender a tocar um instrumento musical ou pintar uma tela: se você quer alcançar o nível onde a criatividade possa fluir através de você naturalmente, então precisa praticar as técnicas até que possa abandoná-las.

Meditação é estar livre dos infinitos ruídos e distrações que vivem na sua cabeça. A meditação permite que se experiencie o que está acontecendo ao seu redor sem reagir. Ela dá a liberdade de você experimentar quem realmente é, livre de toda a atividade mental, onde se pode vivenciar contentamento interno e alegria.

O alívio e descanso do ritmo frenético da nossa vida cotidiana não são uma fuga do mundo, mas a base da paz interior. Com a prática, você pode começar a trazer os atributos da meditação para suas atividades cotidianas, permitindo que você se mova mais eficazmente no mundo. Ao aplicar os princípios da meditação às experiências que acontecem na sua vida, você se torna complemente presente, o que o dará mais tempo para responder antes de reagir a elas.

Meditação é um grupo de técnicas de treino mental. Você pode usar a meditação para melhorar a saúde mental e suas habilidades, e também para ajudar a melhorar a saúde física. Algumas destas técnicas são muito simples, você pode aprendê-las em um livro ou artigo; outras exigem a orientação de um professor de meditação qualificado.

A maioria das técnicas de meditação inclui os seguintes componentes:

1. Você se senta ou deita em uma posição relaxada.
2. Você respira regularmente. Você inspira profundamente para obter bastante oxigênio. Quando você expira, você relaxa seus músculos até que seus pulmões estejam bem esvaziados, mas sem forçar.
3. Você deixa de pensar nos problemas cotidianos.
4. Você concentra seus pensamentos em algum som, em alguma palavra que você repete, alguma imagem, em algum conceito abstrato ou sentimento. Toda a

sua atenção deve estar concentrada no objeto escolhido.

5. Se algum pensamento indesejado se infiltrar, você simplesmente interrompe este pensamento, e volta para o objeto da meditação.

As diferentes técnicas de medição diferem quanto ao nível de concentração e quanto ao tratamento desses pensamentos intrusos. Em algumas técnicas, o objetivo é se concentrar tão intensamente que pensamentos intrusos não ocorrem de modo algum.

Em outras técnicas, a concentração é mais relaxada e os pensamentos intrusos aparecem facilmente. Quando estes pensamentos intrusos são descobertos, eles são bloqueados e o praticante volta para a meditação pura de um modo relaxado. Os pensamentos que surgem muitas vezes serão sobre as coisas que você esqueceu ou suprimiu, e o permitem redescobrir memórias esquecidas. Essa redescoberta terá um efeito terapêutico.

OS EFEITOS DA MEDITAÇÃO

A meditação tem os seguintes efeitos:

1. A meditação traz descanso e recreação.
2. Você aprende a relaxar.
3. Você aprende a se concentrar melhor na resolução de problemas.
4. A meditação tem um efeito benéfico sobre a pressão arterial.
5. A meditação tem efeitos benéficos sobre os processos interiores do corpo, como circulação, respiração e digestão.
6. A meditação regular tem um efeito psicoterapêutico.
7. A meditação regular melhora o sistema imunológico.
8. A meditação é geralmente muito prazerosa.

Além dos efeitos físicos e psicológicos da meditação, não podemos deixar de considerar as profundas implicações espirituais desta antiga arte. Por séculos, culturas iluminadas buscaram os benefícios da meditação e descobriram sua maravilhosa habilidade de momentaneamente nos desligar das nossas necessidades materiais e desejos, colocando-nos em contato com algo maior. Podemos usar a meditação para abrir nossas mentes para receber sabedoria profunda, que ajuda a nos guiar pelo caminho da autoevolução ou mesmo iluminação.

A melhor parte é que nós não precisamos ser um xamã, ou Ghandi, nem comparecer a um templo budista para colher os benefícios espirituais da meditação. De fato, há diversos caminhos para que pessoas como você e eu possam receber os benefícios físicos, psicológicos e espirituais da meditação.

Meditação de atenção plena (mindfulness), transcendental, e meditação da respiração são apenas alguns tipos de meditação que você pode usar para trazer sua mente a um estado relaxado de cura. Na atenção plena nós permitimos que pensamentos e sentimentos entrem na nossa mente, mas não os julgamos. Praticamos viver completamente no momento presente. Na meditação transcendental, usamos um mantra que repetimos para aquietar os pensamentos. A meditação da respiração aproveita o poder rítmico da nossa própria respiração. Sinta-se livre para investigar outros tipos de meditação:desde que a meditação beneficie o corpo, a mente e a alma, ela será útil.

Sentiu-se sobrecarregadocom tantas escolhas? Você também pode adquirir áudios de meditação, para experimentar os seus efeitos positivos. Deixe um bom especialista te guiar através do processo. Ou então procure por igrejas ou centros de meditação que ofereçam aulas. Qualquer que seja a prática escolhida,lembre-se de que você deve praticar regularmente para que possa experimentar os incríveis benefícios da meditação.

A DIFERENÇA ENTRE HIPNOSE E MEDITAÇÃO

A hipnose pode ter alguns dos mesmos efeitos terapêuticos e de relaxamento da meditação. No entanto, quando você medita, você está no controle de si mesmo; na hipnose você deixa algum outro indivíduo ou algum dispositivo mecânico controlá-lo. Além disso, a hipnose não vai treinar sua habilidade de se concentrar.

UMA FORMA SIMPLES DE MEDITAÇÃO

Aqui está uma simples forma de meditação:

1. Sente-se em uma boa cadeira em uma posição confortável.
2. Relaxe todos os seus músculos o máximo que puder.
3. Pare de pensar sobre o que quer que seja, ou ao menos tente não pensar em nada.

4. Expire, relaxando todos os músculos do seu sistema respiratório.

5. Repita o seguintepor 10 a 20 minutos:

Inspire profundamente até sentir que você tem oxigênio o bastante em seus pulmões. Expire, relaxando seu peito e diafragma completamente.

Toda vez que expirar, pense na palavra "um" ou em alguma outra palavra simples dentro de si mesmo. Você deve pensar na palavra de modo prolongado, para que possa ouvi-la dentro de si, mas evite usar falar em voz alta.

6. Se pensamentos intrusos aparecerem, bloqueie-os de modo relaxado, e volte a se concentrar na respiração e na palavra a ser repetida.

Enquanto continua nessa meditação, você deve se sentir mais estável e mais relaxado mental e fisicamente: sinta que sua respiração se regulariza, e a circulação sanguínea através do corpo se torna mais eficiente. Você também pode sentir um crescente prazer mental durante sua meditação.

OS EFEITOS DA MEDITAÇÃO SOBRE AS DOENÇAS

Como em qualquer tipo de treinamento, a meditação exagerada pode deixá-lo cansado e esgotado. Portanto, você não deve meditar ou se concentrar tanto ao ponto de se sentir cansado ou exaurido mentalmente.

Às vezes a meditação pode trazer problemas para pessoas que sofrem de doenças mentais, epilepsia, problemas cardíacos sérios ou doenças neurológicas. Por outro lado, ela também pode ser de grande ajuda no tratamento dessas e de outras doenças.

As pessoas que sofrem dessas doenças devem verificar quais efeitos os diferentes tipos de meditação podem ter sobre seus problemas de saúde antes de praticá-la, tendo precaução antes de começar a meditar. Nesses casos, é melhor aprender a meditar com um professor experiente, um psicólogo ou médico que use a meditação como tratamento para a doença.

A meditação é muito interessante nesse sentido: ela expõe seus hábitos e reflexos improdutivos em vez de acioná-los e isso leva ao equilíbrio interior, à harmonia e à liberdade.

Então, o que é meditação? É o lugar onde você se lembra da sua natureza essencial como centrada, criativa e pacífica, livre para experimentar a alegria de estar completamente presente neste momento, AGORA.

Eu estive envolvido com meditação, yoga e autodesenvolvimento por trinta e cinco anos como estudante, buscador, praticante, professor, coach e empresário, o que me permitiu explorar as técnicas e tecnologias transformacionais tanto das sábias tradições antigas quanto das modernas.

Ao aprender a meditar você estará tocando uma das mais poderosas ferramentas possíveis para efetuar mudanças pessoais transformadoras.

CAPÍTULO 2

BENEFÍCIOS DA MEDITAÇÃO

Neste ponto você já pode ter uma boa ideia do que é meditação e de como começar. Agora queremos nos aprofundar um pouco mais sobre alguns dos muitos benefícios da meditação. Os benefícios da meditação são o que fazem valer a pena todo o tempo e esforço. É só olhar para os que têm praticado meditação por algum tempo para se obter evidências das suas vantagens: eles são a prova viva dos benefícios da meditação. Este capítulo irá se focar em alguns deles.

Quando você pergunta a diferentes meditadores: "Quais são os benefícios da meditação?" você recebe uma grande variedade de respostas. Veja, o que uma pessoa pode ver como um benefício, outra pode ver como uma inconveniência com a qual está se preparando para lidar.

Deixe-me dar-lhe um exemplo: um homem e uma mulher comparecem à mesma aula de meditação. A aula consiste em três partes. A primeira é a prática da meditação, a segunda parte é a discussão filosófica e a terceira parte consiste em estudar os ensinamentos de um determinado guru. Durante a aula, o homem pode desfrutar da prática de meditação e tirar grande vantagem dela, pode adorar as discussões filosóficas, mas não está interessado nem obtém benefícios em estudar o que o guru tem a dizer.

Ao mesmo tempo, a mulher que está na mesma aula também desfruta da prática e obtém grandes benefícios dela, adora ler o que o guru tem a dizer, porém não vê vantagem nas discussões filosóficas sobre a meditação.

Então, ajuda saber de antemão sobre suas próprias preferências para obter o máximo de benefícios de sua meditação.

O principal benefício da meditação é o relaxamento. Isso por si só valeria todo o esforço para aprender a meditar. Se alguém se concentra apenas nas técnicas respiratórias, só isso já vai ajudar a aliviar os sintomas de estresse. No entanto, existem muitos outros benefícios a serem considerados para nossa saúde e para uma existência pacífica. A continuidade da prática irá levar à paz interior e à alegria. O mais importante é que a meditação não depende de circunstâncias externas, então você enquanto indivíduo terá controle completo sobre sua própria felicidade, em vez de esperar que os outros a tragam até você. Meditadores experientes que praticam a meditação ao longo de um maior período de tempo verão os efeitos da meditação serem dramaticamente intensificados e aumentados.

Como qualquer outra atividade ou esporte de que gostamos, o processo pode levar certo tempo para ser dominado. Precisa ser praticado todos os dias para que possamos nos familiarizar e melhorar as técnicas. Quanto mais praticamos, maiores os benefícios. Aplique entusiasmo e intensidade às suas sessões, não fique apenas sentado por horas, pois isso não irá lhe trazer resultados. Inicialmente, suas sessões não parecerão ser muito produtivas e você perceberá que a mente é extremamente agitada e desordenada. Não desista. Com o tempo seus esforços renderão experiências maravilhosas.

Quando estivermos mais conscientes da nossa paz interior, seremos capazes de exercer maior controle sobre as situações que ocorrem nas nossas vidas diárias. Pequenos problemas e irritações não irão nos preocupar, ao passo que antes nossas mentes nos levariam a acreditar que um probleminha é incontornável.

A meditação Vipassana foi usada por prisioneiros para melhorar seus comportamentos e aumentar o estado de bem-estar. Os presos que participaram das sessões de Vipassana se tornaram menos depressivos. Sua vontade de cooperar melhorou e eles se tornaram menos propensos a fumar.

Há muitos benefícios na meditação. Nossa capacidade de concentração melhora. A concentração que usamos nas nossas sessões de meditação pode ser usada também em outras áreas das nossas vidas. Ao aliviarmos o estresse, beneficiamos nossa saúde no que diz respeito a baixar a pressão sanguínea e diminuir condições negativas do coração. A meditação nos permite ter uma visão mais positiva do mundo. Ela nos permite ver o bem no mundo e não nos sentirmos separados das outras pessoas. Quando somos controlados pela nossa mente, tendemos a nos focar apenas nos aspectos negativos do mundo e nas falhas dos outros. Outro benefício é um desapego do nosso ego. Na meditação não há lugar para o ego, apenas para 'iluminação' e 'autorrealização'. Tornamo-nos conscientes da verdadeira natureza do nosso ser.

Os numerosos benefícios da meditação

Os benefícios da meditação são numerosos e para muitas pessoas o objetivo final é a iluminação. Eu suponho que a maioria das pessoas lendo isso não tem em mente a iluminação como objetivo. No entanto, os benefícios da meditação incluem o físico, o psicológico e o espiritual. A meditação pode melhorar a saúde geral, a concentração e o bem-estar mental. Este autor tem meditado por 14 anos e não pode imaginar como as pessoas conseguem viver sua vida diária sem todos esses benefícios!

Abaixo, vamos dar uma lista dos maiores benefícios da meditação. Tenha em mente que a lista não está completa e há literalmente milhares de benefícios na meditação. Nós também dividimos os benefícios da meditação em três grandes áreas: espirituais, psicológicos e psicológicos. Outro ponto é que todos os benefícios da meditação listados abaixo foram estudados e são apoiados pela ciência.

Benefícios espirituais da meditação

- Mais compaixão pelos outros
- Aumento de sabedoria espiritual
- Autorrealização
- Guia a pessoa a descobrir seu propósito
- Aumenta a felicidade e o bem-estar geral
- Evita tempestades em copos d'água
- Caminho para a iluminação
- Melhor relacionamento com Deus
- Visão mais positiva da vida
- Desenvolvimento do perdão
- Equilíbrio do corpo, mente e espírito
- Melhor compreensão dos outros e de si mesmo
- Paz interior
- Permite que você viva no momento
- Aumenta e aprofunda a capacidade de amar
- Desenvolve poderes psíquicos
- Sentimento de união com tudo

- Aumenta a atração dos desejos

Benefícios físicos da meditação

- Ritmo respiratório diminuído
- Diminuição da necessidade de oxigênio
- Diminuição do ritmo cardíaco junto com aumento de fluxo sanguíneo
- Capacidade de fazer exercícios por mais tempo em um ritmo mais alto
- Capacidade de relaxar mais facilmente
- Diminuição da pressão alta
- Evita ataques de ansiedade
- Redução de alergias
- Ajuda com problemas menstruais
- Melhora o sistema imunológico
- Aumenta a energia e o vigor
- Ajuda na perda de peso
- Melhora a elasticidade da pele
- Reduz o colesterol
- Desacelera o processo de envelhecimento
- Aumenta os níveis de desidroepiandrosterona (DHEA)

- Reduz a severidade e a frequência das dores de cabeça
- Clareza de pensamento
- Menos visitas ao médico
- Uso mais eficiente de movimentos e ações
- Reduz os sintomas da asma
- Melhora o desempenho físico nos esportes
- Estabiliza o peso
- Acalma o sistema nervoso
- Melhora a atividade cerebral
  - Melhora a fertilidade

Benefícios psicológicos da meditação

- Melhora a autoconfiança
- Melhora o humor através de níveis mais altos de seretonina
- Elimina medos
- Melhora o foco e a concentração
- Aumenta a criatividade
- Melhora a coerência das ondas cerebrais

- Melhora a capacidade de aprendizado e de memória
- Sensação de vitalidade
- Melhora a estabilidade emocional
- Melhora os relacionamentos
- Mente mais jovial
- Aumento da intuição
- Mais produtividade
- Maior habilidade para resolver problemas complexos
- Aumenta a força de vontade
- Melhora funções cerebrais
- Aumento do desempenho motor
- Aumento de QI
- Mais satisfação na vida
- Menores taxas de doenças mentais
- Personalidade mais expansiva
- Menos comportamentos agressivos
- Diminui os sintomas de abstinência
- Menos necessidade de sono e melhor qualidade de sono
- Aumento de valores morais
- Acalma o pensamento
- Maior capacidade de ouvir
- Menor probabilidade de se preocupar

- Melhores tomadas de decisões
- Aumento de tolerância em situações negativas
  - Maior maturidade emocional

Nossa, tantos benefícios que nos perguntamos porque nem todos estão meditando! O maior benefício da meditação é que não é preciso pagar mensalidades, é 100% gratuita e leva mais ou menos só vinte minutos por dia. Outro grande benefício da meditação é que não há efeitos colaterais negativos. Hummm, os benefícios da meditação são tão numerosos, livres de efeitos colaterais negativos e leva pouco tempo por dia. Talvez você devesse começar a meditar!

CAPÍTULO 3

MEDITAÇÃO/ATENÇÃO PLENA PARA UMA VIDA MELHOR

A meditação é uma arte comumente praticada no oriente e não tão bem conhecida e aceita no ocidente; é uma arte científica para vivermos a melhor vida que pudermos. A seguir estão algumas das grandes razões pelas quais você deve começar a prática de meditação regular e como ela irá melhorar sua vida em todos os níveis.

Quais tipos de pessoas são meditadores? Geralmente executivos - muitos CEOs, diretores, gerentes gerais, mas também muitas pessoas comuns, como você e eu. Muitas dessas pessoas já meditavam muito antes de me conhecerem, mas várias delas admitem que, mesmo se sentindo muito bem ao meditar, isso não fez uma grande diferença na qualidade de vida delas. Então, duas perguntas: para que meditar se isso não fará diferença na sua vida cotidiana? E, se não faz diferença, por que meus clientes meditam?

Responder a primeira questão é fácil. Não faz sentido meditar se isso não faz diferença para o seu dia a dia. Agora, tenho certeza que isso fez alguma diferença mesmo para aqueles que pensam que não fez diferença alguma - há sempre algum benefício em fazer qualquer coisa que seja melhor do que viver uma vida automatizada como muitos vivem (não estou sendo crítico - é um fato científico - leia a prova psicológica!). Mas a meditação, quando feita corretamente, deve fazer uma diferença gigantesca em relação a todos os aspectos da sua vida, assim como em cada momento do dia.

A meditação é o modo mais efetivo de alcançar sucesso e felicidade diários e sem esforço. A meditação lhe dá meios de controlar sua própria capacidade mental, sua própria habilidade de dar sua atenção completa para a tarefa em questão, qualquer que seja. A meditação fornece-lhe os meios de canalizar sua energia - física, mental, espiritual, é tudo energia - até o presente momento em que, como a física quântica prova, a energia do universo responderá ao seu estímulo.

Ao longo dos próximos parágrafos, eu descrevo como a meditação o ajudará a alcançar tudo isso.
A meditação é um reflexo da rotina normal do cotidiano. O meditador é bombardeado com distrações, frustrações e pensamentos inúteis. O corpo tenta fazer você tropeçar, seja com uma coceira no nariz, dor nas costas ou pelas pernas que ficam dormentes. Estes "obstáculos" refletem a frustração que todos sentimos quando o sucesso parece ser ilusório, no momento em que a irritação das pessoas negativas está se agitando para enredá-lo em seus dramas, quando as distrações de preocupações inúteis, cheias de "e se...?" e quando surge a debilidade de duvidar de si mesmo.

Quando você medita, aprende a não deixar que os pensamentos odistraiam, aprende a não reagir quando sua perna se torna dormente e aprende a não coçar o nariz que está coçando. Em outras palavras, simplesmente aprende a deixar passar essas distrações, frustrações e irritações, assim como elas passam nas nossas vidas cotidianas. Se você aprender a permanecer focado enquanto meditar a ponto de não se coçar, se tornará impertubável pelas distrações, irritações e frustrações que de outro modo podem nos bombardear em nossas vidas.

A disciplina da meditação nos ensina a observar o momento presente. Experimentamos a realidade do aqui e agora. Como resultado, paramos de procurar por outra coisa, por mais. Impede a luta constante da mente normal, confusa, insatisfeita:aprendemos a parar de buscar porque o momento presente é completo. Nós começamos a perceber que as lutas acontecem apenas na mente:medo, preocupação, dúvida, falta de autoestima são nada mais do que pensamentos inúteis, pensamentos que destroem a vida e a felicidade das pessoas. Aprenda a deixar de lutar através da disciplina da meditação e a luta da vida cotidiana simplesmente irá desaparecer. Sem esforço.

A meditação é muitas vezesmal compreendida. Ela poderá te levar para um estado alterado da mente, de fato, esse pode ser seu objetivo final. Mas hoje, a disciplina da meditação irá possibilitá-lo a viver verdadeiramente o melhor da sua capacidade, livre de todas as vozes internas que nos dizem que não podemos dar o melhor de nós mesmos.

Um investimento de dez ou quinze minutos por dia significará que o resto das vinte e quatro horas será uma experiência completamente diferente do que qualquer coisa que a mente normal possa imaginar. Claro, coisas ruins acontecerão no decorrer do dia. Certamente, distrações e frustrações irão aparecer. Mas a diferença será que, ao contrário da pessoa normal que reage a essas coisas e as tornam piores, você será capaz de agir com uma mente presente e clara. E assim como o nariz que coça, a distração ou frustração vai passar.

Mas isso é apenas o começo. Porque com uma mente clara e presente você entrará no "flow" - termo científico cunhado pela Universidade de Chicago, que quer dizer "fluxo". No fluxo, sua performance chegará ao ápice. No fluxo, a energia universal responderá ao simples fato de você ter investido mais da sua energia no presente momento do que todas as pessoas normais que viveram metade de suas vidas em dúvida e frustradas. Você vai se tornar extremamente feliz e bem-sucedido. Tudo por apenas alguns minutos por manhã.

A meditação é um olhar para dentro, o que não é muito conhecido no ocidente já que sempre fomos ensinados a olhar para fora e a nos expandirmos. Então, começar uma jornada para dentro não é tão comum, mas é altamente eficaz para ajudá-lo a alcançar as suas metas de vida. A meditação lhe dará a habilidade de estar no controle dos seus arredores, reduzir o estresse, conservar energia e é também a melhor forma de terapia que se pode fazer completamente de graça. Quando praticada regularmente, a meditação irá melhorar sua forma ao fazê-lo respirar mais eficientemente, propiciando maior retenção de oxigênio disponível em seus pulmões. A meditação regular irá melhorar sua digestão, reduzirá a azia, a diarreia e a constipação. A meditação irá melhorar sua performance atlética ao colocá-lo mais em sintonia com seu corpo e você terá a habilidade de ver-se como se estivesse de fora dele. Esta é uma grande ferramenta para qualquer atleta que busca obter uma vantagem sobre o desempenho, pois dá a habilidade de desacelerar as coisas e controlar os arredores em vez de apenas reagir. Este é um dos segredos de todos os grandes atletas em todos os esportes: eles dizem que o jogo desacelera e eles conseguem ver as coisas acontecerem em "câmera lenta", dando-lhes um tempo extra para executar as ações em um nível mais alto.

A meditação irá melhorar sua vida sexual. Por estar mais em sintonia consigo mesmo, você também estará mais em sintonia com seu parceiro, fazendo com que desfrutem de mais prazer mútuo. A meditação irá melhorar sua saúde e bem-estar de modo geral, começando da perspectiva física. Ela o fará consciente das dores, desconfortos e estresses que está mantendo no corpo. Quando se torna consciente das tensões que está mantendo, pode aprender a relaxar e a se livrar delas. Quando pratica meditação regularmente, você percebe que seu corpo se torna mais confortável, solto e livre. Combinar meditação em movimento como yoga, tai-chi ou qi-gong são as melhores formas de aprender e cultivar a consciência corporal. Yoga, tai-chi e qi-gong são práticas antigas de meditação feitas para devolver ao seu corpo, mente e alma a liberdade que lhes são inatas. Enquanto crianças, não aprendemos os maus comportamentos nem nos apegamos ao estresse físico, éramos livres, relaxados e felizes o tempo todo. A meditação em movimento foi criada para nos levar de volta à nossa criança interior. Divertir-se, desfrutar da vida, ser feliz, viver a vida cheia de possibilidades ilimitadas.

MEDITAÇÃO GUIADA PARA UMA VIDA MELHOR

A meditação guiada consiste simplesmente em usar ajuda de alguém ou de algum áudio para meditar e é o melhor modo para uma pessoa ser apresentada ao mundo da meditação. É um novo paradigma para os que levam um estilo de vida mais ocupado e também é bom para os iniciantes, que podem ter dificuldades de concentração na prática. A meditação guiada é um processo que muitas pessoas utilizam para aliviar o estresse diário e criar um estilo de vida repleto de felicidade, boa saúde e abundância.

Quando você aprende a meditação com um professor experiente, o resultado é paz, serenidade e calma. Mais cedo ou mais tarde, com a prática consistente, você se abrirá para novas percepções. Você pode usar a meditação para se enraizar e se centrar, ou para enviar energia curadora para remediar qualquer parte sua que precise. Com meditação avançada, como a meditação dinâmica, você pode pedir e receber orientação de sua inteligência superior.

Você também pode encontrar inspiração, se abrir para o perdão e para a compaixão, recarregar e rejuvenescer seu aparato físico, ou simplesmente se lembrar da verdadeira profundidade do seu ser. A meditação guiada pode ajudá-lo a se focar em si mesmo para alcançar a paz interior e relaxamento ou pode ser usada para se concentrar em sua relação com Deus ou seu eu superior. Qualquer que seja a forma, após a meditação, você estará mais em paz, tranquilo e descansado.

MEDITAÇÃO PARA RELAXAMENTO

Esta meditação pode incluir relaxamento do corpo e um maravilhoso crescimento espiritual. As técnicas de relaxamento podem ajudá-lo a sentir-se mais calmo e mais em sintonia com as tarefas que precisa executar todos os dias. É provado que o estado de relaxamento meditativo continua durante o dia e faz as pessoas se sentirem menos estressadas e mais no controle de suas vidas.

Vamos dar uma olhada em como a meditação e o relaxamento caminham de mãos dadas.

- **Meditação e estresse**

Um benefício muito grande da meditação é que ela pode reduzir consideravelmente o estresse. Quando estamos estressados, nossos corpos produzem hormônios de estresse, como o cortisol. Este é um fato sobre os seres humanos e nos tempos mais primitivos esses hormônios eram bastante úteis, por exemplo, quando éramos caçados por leões. Isso é conhecido como a resposta ao estresse. No entanto, em nossas vidas modernas, está se tornando comum estar sob a influência desses hormônios por períodos prolongados de tempo. Isto não é apenas uma questão desconfortável, isso pode ser mortal.

Quando o estresse faz com que o corpo produza cortisol em excesso, o hormônio fará com que o corpo se danifique com o tempo. Isso é uma maneira gentil de dizer que irá nos matar lentamente.

Assim, para melhor saúde (e vida melhor e mais longa), precisamos encontrar uma maneira de nos livrarmos do estresse debilitante e crônico que é tão descontrolado nesse nosso mundo moderno.

- **Meditação e relaxamento**

Alguns estudos médicos mostraram que a meditação reverte a resposta ao estresse e com isso, a liberação do cortisol em nossos corpos. Então, enquanto os hormônios do estresse danificam o corpo, a meditação ajuda o corpo a se restaurar e se fortalecer contra novos danos advindos do estresse. Isso é conhecido como a resposta ao relaxamento.

A resposta ao relaxamento traz seu corpo de volta ao seu equilíbrio natural de respiração profunda, taxa cardíaca mais baixa, pressão mais baixa e músculos relaxados. Estas são respostas físicas documentadas, mas há também os efeitos benéficos de aumento de foco, energia, motivação, habilidades mentais afiadas e a redução de dores físicas.

- **Iniciando a meditação para relaxamento**

Tire um tempo do seu dia. Às vezes acho que uma das melhores coisas da meditação é o tempo que tiramos para fazê-la. Quando chegar a hora da meditação, você sabe que ali naquela hora, é o seu momento. Só o simples fato de tirar tempo para si mesmo já é uma ideia relaxante!

Medite enquanto está completamente alerta. Muitas pessoas optam por meditar no início do dia, porque é quando eles estão mais alertas e quando elas obtêm o melhor de sua prática.

- **EXERCÍCIOS SIMPLES**

A mente humana é um incrível reservatório de poder e potencial, se soubermos como acessá-la. Prazos, estresse e outros problemas podem anuviar e bagunçar nossas mentes com preocupações e pensamentos desnecessários. No entanto, se você tentar incluir a meditação por alguns minutos por dia em sua rotina diária, verá que isso fará uma grande diferença em sua mente, seu corpo e sua alma.

A meditação, em toda a sua simplicidade, é um grande exercício de relaxamento. Seu intuito é reduzir o estresse ao relaxar primeiro a mente, depois o corpo. Como tal, a meditação exige um espaço tranquilo onde você possa se focar em si mesmo, e não no ambiente externo. Nesse pequeno espaço onde pode se sentar confortavelmente, você pode praticar as técnicas que o ajudarão a relaxar. É importante fechar seus olhos para se focar e bloquear o ambiente ao seu redor. Lembre-se que a meditação diz respeito a você. Uma técnica que se pode usar é a respiração profunda. Focar-se em sua respiração pode ajudar a clarear a mente. O ritmo da sua respiração também pode dar-lhe um senso de calma e equilíbrio. Relaxar seus músculos é outra técnica que também se pode usar. Primeiro contraia ou tensione seus músculos, como os dos pés, e então relaxe, focando-se nesse estado repousado. Faça isso em outras partes do corpo, especialmente naquelas que guardam muito estresse. Por fim, você pode também usar outras técnicas, como visualizações. Imagine-se em um lugar onde você se sente relaxado. Pode ser uma praia, ou na floresta ouvindo os sons da natureza. Abra seus sentidos para este paraíso em sua mente. Quando você abrir seus olhos, sentirá uma energia que irá prepará-lo para o dia.

Esses exercícios podem reduzir o estresse e trazer um senso de serenidade e equilíbrio em meio às coisas caóticas que acontecem em nossas vidas cotidianas. Da próxima vez que você se sentir cansado ou desanimado em qualquer momento do seu dia, sintonize-se com seu eu interior e experimente uma mudança na sua percepção. Verdadeiramente, a meditação é o melhor e mais fácil modo de alcançar uma vida positiva, sem preocupações e serena.

Escolha uma técnica de meditação para iniciantes. Tente algo consideravelmente fácil e recompensante como contar cada respiração.

MEDITAÇÃO PARA A CURA

Uma pessoa hábil na meditação tem a oportunidade de concretizar seu próprio trabalho interior de cura e exploração enquanto permanece em estado meditativo. Há muitos benefícios relacionados à saúde, controle do estresse e curas que foram demonstradas com a prática diária, como relaxamento, melhores hábitos de sono e fortalecimento do sistema imunológico.

Embora não seja cientificamente provado que a meditação pode curar as pessoas de seus problemas físicos, é uma boa maneira para que as elas se concentrem em sua saúde e se sintonizem os problemas que estão enfrentando. Muitos têm visto curas milagrosas que não tem explicação médica. A meditação também é conhecida não só por tornar uma pessoa mais saudável, mas também por torná-la mais focada e melhor na resolução de problemas. Com a ajuda de um guia, a meditação pode se tornar não apenas um modo saudável de se lidar com o stress, mas também um ótimo jeito para as pessoas melhorarem e lidarem com seus problemas pessoais.

A principal razão pela qual a meditação para a cura pode funcionar para você é que ela é uma ferramenta que ajuda a desviar do interminável diálogo interno da mente e o guia para a energia de cura. Uma vez que você entre no espaço entre seus pensamentos, será capaz de encontrar a energia curadora pura da Consciência Universal.

Muitas vezes, só de estar nesse estado relaxado onde se pode tocar nessa energia é suficiente para ajudar na cura em todos os níveis. Ela funciona porque a energia universal é inteligente. Ela sabe onde precisa ir e o que tem que fazer para desbloquear os canais e reequilibrar o seu sistema de energia.

Mas esta não é a história completa: a meditação para a cura pode ajudar de outros modos.

- **Estresse e bem-estar**

A maioria das pessoas sabe que estresse não é bom para o bem-estar geral. Se você estiver estressado, bloqueará o fluxo de energias do seu corpo, o que pode levar à estagnação, ao desequilíbrio e pode no fim das contas trazer doenças físicas.

Um jeito preocupante como o estresse pode afetá-lo é no modo como você respira. Se estiver estressado, provavelmente sua respiração será superficial e desnivelada, ou ainda é possível que você esteja prendendo a respiração por curtos períodos de tempo sem nem perceber.

Então, se puder se tornar consciente da sua respiração e treinar para respirar mais suave e profundamente, você mandará a mensagem certa para seu corpo. Estará dizendo conscientemente para seu corpo relaxar.

- **A conexão mente-corpo**

A meditação para a cura é um modo simples e eficaz de alcançar a conexão mente-corpo, e não implica em ficar sentado em uma posição desconfortável de yoga. Tudo que você precisa fazer é relaxar e focar-se na sua respiração. Sua respiração é a conexão entre sua mente e seu corpo. Sua mente controla sua respiração, e sua respiração determina o grau de relaxamento do seu corpo, então dessa maneira você pode definir um ciclo de reposta.

Muitos estudos concluíram que a meditação para a cura pode, dentre outras coisas, melhorar a expectativa de vida, retardar o processo de envelhecimento, estimular o sistema imunológico tanto quanto diminuir a pressão sanguínea. Seus benefícios oferecem provas reais de que a consciência pode afetar e melhorar a saúde física, mental e emocional.

Quando estamos praticando meditação baseada no corpo, podemos começar a notar todas as dores do corpo. Eles podem variar de grosseiras até muito sutis. Se houver uma dor em uma determinada parte do corpo, nossa reação habitual será querer nos livrar dela, mudá-la ou nos distanciarmos dela. Se não for indício de algum outro problema físico, como por exemplo, uma dor nos joelhos, então há a chance de ela ser liberada e curada.

Dor e tensão corporal indicamlocais de armazenamento, onde o passado não resolvido, incompleto ou não curado é guardado no subconsciente. Isso porque o corpo é o local onde o subconsciente é armazenado, portanto, ele guarda nosso passado não resolvido.

Então, na meditação, quando podemos nos tornar presentes para a dor, aceitá-la e nos disponibilizarmos para ela, acontece a liberação. Como isso acontece é discutido em detalhes no livro "Letting Go – The meansofLiberation".

Quando ocorre a liberação, pode emergir o entendimento do quê foi guardado e como isso apareceu em nossas vidas. Por exemplo, pode haver uma dor persistente no ombro direito e ao nos aprofundarmos nela podemos nos tornar conscientes de uma questão de infância com o pai. Então, as impressões da infância recebidasdo pai se tornam o modo como vemos o mundo... A questão não é o pai ou o que ele fez, na vedadenão tem nada a ver com ele. Ele foi o reflexo do que já estava dentro de nós.

A partir desta percepção inicial sobre uma experiência de infância, podemos começar a ver que realmente temos um padrão de nos relacionarmos ou deixarmos de nos relacionar com todos os homens. Em última análise, vamos ver que é um padrão de distorção na nossa polaridade masculina. Muitas vezes, ao retomarmos as coisas nas nossas vidas, se o problema for o masculino, então a primeira impressão terá vindo do pai, e se for feminino, da mãe. Mas eles não são a causa. Eles mostram e imprimem o que estamos trazendo a nós mesmos nesta vida, e a lei da atração nos leva aos pais que combinarão com esse karma que escolhemos trabalhar nesta vida.

Há um relato de uma participante de um seminário meu, depois de fazer uma das meditações. Na meditação, ela se tornou consciente de uma dor no rim esquerdo, e ao aplicar a prática, a memória e os sentimentos emergiram. A memória era de infância sobre um problema de urinar na cama, e o conteúdo emocional era da reação da mãe a isso, que era de raiva e vergonha. O fato de a dor ser no rim esquerdo, junto com a mãe como refletora, indicou para mim que níveis mais profundos além da infância tinham relação com a ferida na polaridade feminina, provavelmente relacionados à vergonha.

Tal percepção, embora não ocorra sempre, começa simplesmente a dissolver a dor. Minha atitude é que a compreensão e a percepção surgem a partir do momento em que isso é proveitoso e benéfico. Muitos de nós somos tão dominantes mentalmente que podemos facilmente nos perder em analisar e intelectualizar nossas experiências e com isso perdemos o ponto.

Se a dor for emocional, funciona exatamente do mesmo jeito. Experimentamos as emoções no corpo, e do mesmo modo escolhemos nos permitir senti-las, estarmos presentes para a experiência e estarmos disponíveis como pudermos e então percebemos o que se desenrola.

Obviamente, não podemos sentar e meditar sempre que tivermos sentimentos ou emoções desconfortáveis. Mas, se praticarmos a meditação regularmente, temos uma boa chance de desenvolver a habilidade de estarmos presentes em nossas experiências enquanto elas ocorrem, pelo resto de nossas vidas - e isso é poderoso e empoderador.

CAPÍTULO 4

MEDITAÇÃO E ABUNDÂNCIA

Quando se considera como e onde podemos encontrar abundância em nossas vidas agora, parece que não há muitas opções. Para criar abundância, devemos criar a sensação de abundância nos pensamentos, aura, ser e arredores. Este é o segredo para a Lei da Atração, e a meditação é a base a partir da qual esses sentimentos derivam. Quer o seu desejo seja manifestar mais dinheiro e prosperidade, quer seja seu desejo manifestar abundância em todas as áreas da vida, a meditação, especialmente a meditação dinâmica, é o lugar para começar. Ela o ajudará a se abrir e aceitar a abundância em sua vida.

Meditação não é apenas uma prática, é um estilo de vida completo. A meditação nos esclarece sobre a vida. É válido chamar a meditação de uma experiência de vida transformadora. Ela pode familiarizá-lo com cada viagem de autodescoberta e despertar interior. A meditação é o melhor modo de nos trazer um passo mais perto da Fonte. Você pode começar a meditar por apenas alguns minutos, mas a meditação está destinada a se tornar parte do seu futuro em breve. É a arte do autoconhecimento. É uma prática muito frutífera que nos traz paz de espírito, alegria, foco, amor e também mais força de vontade.

A meditação desperta a Kundalini e ativa a glândula pituitária, nos levando um passo mais próximo da Fonte. Tem sido praticada desde a antiguidade por homens santos em diferentes civilizações e adotada por muitas culturas, pois ela preenche a necessidade de quase todos os indivíduos. A meditação com a Energia Divina traz muita abundância para nossas vidas. Isso porque ela aumenta a força de vontade das nossas mentes.

A força de vontade é a chave que liga a meditação à Lei da Manifestação. É o ponto onde o que você deseja se torna real. A manifestação é a chave mágica para o reino da realização dosdesejos. Podemos escolher aprender a nos tornarmos criadores conscientes. A manifestação proporciona a capacidade de tornar as coisas reais. Precisamos saber que já estamos manifestando o tempo todo. Estamos constantemente criando e moldando o mundo ao nosso redor com os nossos pensamentos e crenças. A raça humana se desenvolveu mais que as outras espécies apenas porque nós humanos não nos deixamos ficar à mercê do destino, em vez disso, nós manifestamos nossos sonhos. Somos os criadores da nossa própria realidade. Para manifestarmos nossos sonhos, primeiro precisamos criar um molde disso em nossas mentes. Tente visualizá-los com o máximo de sentimentos e sensações. Faça disso uma parte de sua vida, como algo que você já tenha alcançado e agora está desfrutando.

Para a manifestação de todas as coisas, é preciso entregar e acreditar. Por exemplo, você deve usar o tempo presente como "eu sou" ou "eu tenho" em vez de "eu queria" ou "eu espero". A meditação fortalece a mente ao ponto em que se pode facilmente imaginar as coisas com grande força de vontade. Quando meditar, notará a mudança de que é capaz para manifestar facilmente as coisas que deseja. A meditação da abundância é a arte de trabalhar com o seu próprio corpo em vez de trabalhar contra ele. Suas meditações diárias o levarão a materializar os desejos na sua vida. Apenas tome nota desses eventos quando ocorrerem. Eles são um sinal de que você fez uma conexão, que sua meditação está funcionando. Uma vez que tenha manifestado o que quer que seja em sua mente, em seguida, afirme isso em voz alta. Por exemplo, você pode dizer: "Eu quero manifestar um carro novo" ou "Eu quero manifestar um novo emprego". Quando tiver terminado com o processo de meditação, pode sentir o impulso de fazer algo, de falar ou telefonar para alguém: isso é uma boa idéia. Isso é a sua intuição trabalhando e ela foi acionada por conta da sua meditação.

Quando a meditação e a lei da manifestação são aplicadas juntas, elas produzem resultados surpreendentes. A meditação pode mudar completamente nossos pensamentos e atitudes com relação à vida. Pode nos trazer glórias e sucessos. A meditação fortalece a mente e todas as hitórias de sucesso começam apenas com uma mente forte, que é cheia de força de vontade. A meditação pode aumentar a produtividade, e essa é a razão pela qual muitos CEOs de empresas de alto nível a praticam. Ela pode render-lhe aumentos desejáveis no seu salário e é capaz de preencher seus maiores desejos materiais, como uma casa maior ou um carro melhor. O segredo para o sucesso vem de dentro. Os pensamentos que você pensa e as crenças que mantém têm poder extraordinário de criar ou destruir suas chances de sucesso. Quando começar a praticar a meditação regularmente, notará que está se saindo melhor em seu trabalho diário porque tem mais foco e é mais positivo. Isso trará mais sucesso e riqueza para você. Com certeza suas chances de sucesso aumentarão ao aprender as técnicas mais efetivas para alcançar seus objetivos. Quer eles sejam financeiros, afetivos, altruísticos, científicos ou de sáude. A meditação pode trazer encantamento às suas relações porque você se torna mais tolerante e muito mais calmo.

Estas são quatro práticas simples que podem ajudá-lo muito a criar abundância usando a meditação:

1. Sempre reze e se conecte com a Fonte na meditação
2. Acredite que receberá e despegue-se
3. Esteja 24 horas por dia na sintonia do amor incondicional

4. Esteja sempre de ótimo humor, pois a felicidade é um dos fatores mais importantes para a criação da abundância

A pessoa que consegue combinar trabalho e prática espiritual de modo que sejam a mesma coisa, é umninja na carreira. Embora a princípio isso possa soar estranho e inatingível, isso pode ser conseguido com relativa facilidade com prática e uma mentalidade apropriada. Por causa do foco que é exigido, o ninjadecarreira naturalmente colhe as grandes recompensas, atingindo um grande nível de sucesso na carreira. O sucesso no local de trabalho é usado como ferramenta para melhorar a consciência e trazer um sentido de propósito para nossas vidas.

A meditação e a espiritualidade estão intimamente associadas e não podem ser separadas uma da outra. Como mencionado anteriormente neste livro, muitas culturas estão usando a meditação para aumentar a espiritualidade e se aproximar da Fonte, isto é, de DEUS. Alguns dos benefícios menos conhecidos da meditação para a espiritualidade são: a descoberta do eu interior, a revelação do poder e da consciência que transcendem o ego, aumento da consciência, paz de espírito e desapego.

A meditação sempre esteve ligada à espiritualidade desde o início dos tempos. As imagens antigas de um yogue indiano sem bens materiais, vivendo apenas com comida doada pelos outros, sempre dominaram a percepção das pessoas sobre a meditação. Agora, mais e mais ocidentais estão usando a meditação para um propósito diferente. Meditação é agora amplamente utilizada para a cura mental e física, mas ainda com alguma distorção espiritual.

A meditação é uma, se não a melhor, forma de comunicação com a Fonte, com aquilo que criou tudo. Se feita corretamente, a meditação pode trazer a sua frequência para mais perto da Fonte.

Quando se está meditando em estado de puro amor incondicional, todos os sete grandes chacras e os chacras divinos são ativados. Quando os chacras estão completamente ativados, toda informação de e para a Fonte flui com pouca ou nenhuma interferência. Quando a informação é recebida pelo eu superior e a Fonte, a pessoa será mais capaz do que os outros de absorver informações.

A maioria dos coautores do livro "O Segredo" recomendam a meditação como uma prática diária. Centenas de relatos de pessoas provam que a meditação funciona para assuntos não espirituais. Algumas pessoas estão praticando meditação para atrair bens materiais como carros, casas ou riquezas.

As pessoas que meditam regularmente obtêm melhores resultados. Por quê? Porque as pessoas que meditam regularmente têm chacras mais ativos e mais equilibrados. Com chacras mais ativos e mais equilibrados, o canal entre o corpo físico da pessoa, a presença Eu Sou e a Fonte se expande e flui livre de interferências. Desta forma, materializar o que quer que se peça será muito mais fácil. Para a Fonte, não há pedido que seja grande demais ou impossível. Materializar um real é tão fácil quanto materializar um milhão de reais. A Fonte não conhece limites. Os limites são criados pela mente consciente humana. Não há problemas em pedir abundância para a Fonte. Abundância ou riqueza não são pecados nem coisas ruins. Quando suas necessidades financeiras ou materiais são supridas, é muito mais fácil ajudar os outros e fazer boas ações para a humanidade.

Com tantas técnicas diferentes de meditação para escolher, você deve sempre confiar na sua intuição. A melhor técnica de meditação é a técnica que o permite ir diretamente para a Fonte. Às vezes os Mestres de Luz e os Anjos e Arcanjos oferecem ajuda, mas nunca entregue a eles seu poder. Lembre-se que todos somos parte do Criador. Somos todos cocriadores, criamos o nosso próprio destino. A Fonte, Deus, o Criador, não importa como você chame, não quer que nenhum de nós viva na miséria, na pobreza ou com dor. Não faz parte das intenções da Fonte nos ver em dificuldades. Há abundância para pedirmos e agarrarmos. A meditação é muito útil para visualizarmos e recebermos toda a abundância que pedimos.

OS USOS E LIMITAÇÕES DAS ABORDAGENS MINDFULNESS

Pode parecer estranho associar a meditação às preocupações materiais sobre riqueza e abundância. Não seria a meditação uma busca espiritual que deveria nos elevar acima desses problemas mundanos? Embora certamente a meditação possa ser puramente espiritual, ela foi associada à abundância pelo movimento New Age porque ela trata do controle sobre as mentes, e acredita-se que o que fazemos com nossas mentes afeta o que acontece em nossas vidas. A extensão da crença no poder da mente irá indicar o tipo de meditação que será usada. Nesta primeira parte, estamos nos focando na abordagem escolhida pelos que não acreditam completamente nesse poder.

- **A abordagem minimalista – Meditação Mindfulness aplicada**

As práticas de meditação mindfulness objetivam cultivar uma consciência momento a momento, com a meta de nos ensinar que temos escolhas sobre os conteúdos das nossas próprias mentes e, consequentemente, no modo como lidamos com os altos e baixos da vida. O Buda nos ensinou que o sofrimento é inevitável, mas o modo como lidamos com ele, não.

De uma perspectiva New Age, o problema com a meditação mindfulness é que ela falha em mostrar que criamos a realidade com nossos pensamentos e emoções. As técnicas de mindfulness são maravilhosas para reduzir o estresse, aumentar a defesa imunológica e as atitudes positivas, no entanto, elas não fazem muito para empoderá-lo. Essas técnicas podem mudar a maneira que você se sente, mas não dão um passo além para explicar como os sentimentos têm poder criativo fora do eu.

Com isso, os tipos de exercícios que são receitados por praticantes de mindfulness, como Dr. Rick Hanson, são sobre como podemos nos sentir mais abundantes, mas não como nos fazer ter mais abundância. Foi-nos dito para sentirmos gratidão por todas as coisas que possuímos agora, e para notarmos e apreciarmos as coisas simples do dia a dia que geralmente não valorizamos, como o ar que respiramos e a comida que comemos. A abordagem do Dr. Hanson, que combina neurociência e budismo, tenta satisfazer as estruturas primitivas dentro do cérebro que estão quase sempre com medo de não ter o suficiente para sobreviver.

- **Os Limites do Método Mindfulness**

Há muito a ser dito sobre esta abordagem, mas ela pode ser vista como uma técnica para se lidar com os sintomas das doenças, e não para curá-las; como uma medida paliativa para as pobres almas. E um tanto ironicamente, ao ignorar o poder criativo das emoções, os praticantes da mindfulness estão na verdade se subestimando. É possível gerar sentimentos significativos de abundância com esses simples exercícios, e esses sentimentos podem fazer maravilhas em sua vida exterior. Mas nada disso é reconhecido porque a maioria dos praticantes não está disposta a se juntar ao movimento New Age que acredita em um poder mental muito maior.

Oito passos para abundância

Para melhores resultados, recomendo a prática desses processos por escrito, diariamente.

Semana um:
Primeiro passo: faça uma lista de tudo que está incomodando-o em sua vida. Para entender o que você realmente quer, é preciso saber onde você está agora.

Segundo passo: Uma vez que você termine a sua lista, escreva ao lado de cada ponto negativo, o seu oposto positivo. Isso lhe dará um bom lembrete do que você realmente deseja na sua vida.

Semana dois:
- Escolha um assunto no qual mais deseja trabalhar nestas próximas três semanas
Terceiro passo: tire meia hora por dia para suas práticas. Sente-se em um local onde não seja incomodado.
Quarto passo: Sente-se por 10 minutos e ouça música ou medite, o que quer que o faça se sentir mais relaxado.

Quinto passo: Comece visualizando que você já conseguiu aquilo que escreveu. Concentre-se especificamente em como se sente ao já ter isso. A conexão emocional aumenta imensamente a atração.
Repita esse processo todos os dias por pelo menos três semanas.

SEMANA TRÊS:
Continue usando os processos escritos das semanas anteriores.
Sexto passo: Todas as noites antes de dormir, deite-se na sua cama por mais ou menos dez minutos e pense intencionalmente sobre coisas que o façam se sentir bem. Então, foque-se em como você irá dormir bem e imagine-se acordando cheio de energia e vibração pela manhã.
Sétimo passo: Todas as manhãs, ao acordar, antes de sair da cama, deite-se por dez minutos e pense em coisas que o façam se sentir bem.

No início quando você fizer isso, pode parecer um pouco estranho, mas você vai começar a observar mudanças quando acordar mais positivo depois de usar esse processo.

Quarta semana:

Continue usando os processos anteriormente descritos.
Oitavo passo: Comece a escrever as coisas positivas que estão acontecendo com você. Aprenda a apreciar sua vida e as boas coisas.

CAPÍTULO 5

AS MELHORES TÉCNICAS DE MEDITAÇÃO PARA INICIANTES

A ciência provou que há vários benefícios que resultam da meditação, mesmo para os que praticam as técnicas para iniciantes. Muitos acreditam que nunca aprenderão a meditar, mas tão logo percebam que a meditação para iniciantes leva a menos estresse, elimina a necessidade de remédios e previne doenças mentais e físicas,eles começam a meditar.

Embora isso possa parecer óbvio, sempre que iniciar algo em sua vida, comece pelo começo. Isso se aplica às técnicas de meditação bem como para tudo mais. Quando envelhecemos, nos esquecemos de que tudo que sabemos hoje, como caminhar, andar de bicicleta e dirigir, levou tempo para ser aprendido. Não fomos de iniciantes para profissionais em um instante. No entanto, ainda esperamos que o aprendizado seja assim!

Dito isso, precisamos ter resultados razoavelmente rápidos para não desistirmos. Então temos aqui algumas técnicas de meditação simples para iniciantes que o colocarão no caminho certo para suas práticas.

Antes de começar, encontre um local confortável onde possa ficar sem ser incomodado por pelo menos dez minutos. Recomendo que se sente em uma cadeira confortável com a coluna ereta, os pés bem plantados no chão (sefor confortável assim) e seus braços e mãos descruzados.

Técnica # 1 Tire um horário regular para a meditação

Certo, isso não é realmente uma técnica, mas se aplica mesmo assim.

Se você decidir meditar apenas quando tiver tempo, é provável que algo aconteça e você medite apenas dia sim dia não, ou uma vez por semana ou por mês, até que finalmente: "opa!Não lembro qual foi a última vez que meditei" - a não ser que você seja realmente dedicado.

Estabelecer um horário fica bastante fácil depois de um tempo. Leva mais ou menos duas semanas para consolidar um hábito, então a princípio certifique-se de deixar um lembrete para a prática, até que se torne automático. Daí você saberá que criou um hábito.

Técnica # 2 Meditação da Respiração.

A técnica de meditação da respiração é a mais fácil para iniciantes. Feche os olhos e foque-se em sua respiração. Realmente perceba-a. É superficial ou profunda? Sua respiração vem da barriga ou do tórax? Apenas perceba. Limpe sua mente e permaneça quieto. Relaxe. Se sua mente começar a vagar, traga a atenção de volta à respiração. Comece com apenas cinco minutos por dia e gradualmente aumente o tempo para 30 minutos por dia. O objetivo dessa meditação é limpar a mente de tagarelices e preocupações e apenas se focar na qualidade da sua respiração. A monotonia de se focar apenas na respiração pode ser bastante relaxante.

Técnica #3 Meditação da chama

A meditação da chama também é uma técnica muito fácil para iniciantes. Apenas feche os olhos e imagine a chama de uma vela queimando. Veja realmente a chama e observe-a reluzir. Perceba as cores violeta, laranja e amarelo brilhando. Perca-se na beleza da chama. Se a mente começar a divagar, traga-a de volta à chama imaginária da mente. Isso pode ser muito relaxante. Você também pode fazer esta meditação com a imagem de uma flor desabrochando ou qualquer outra que você ache relaxante.

Técnica # 4 Meditação de Olhos abertos

Para esta técnica de meditação, encontre um local tranquilo e algo para se concentrar, como uma flor, uma montanha, ou até mesmo uma parede. Olhe para o objeto que você escolheu e tente limpar sua mente. Tente relaxar e alcançar um estado meditativo. Torne-se um com o objeto que você está contemplando e desligue-se de todo o resto. A meditação de olhos abertos funciona apenas se você for capaz de relaxar de olhos abertos. Tente, veja se funciona para você.

Técnica # 5 - Meditação tradicional

Pessoalmente eu não classificaria esta técnica como sendo para iniciantes, mas eu a incluí porque muitas pessoas começam com este método.

A idéia é ter um ponto para se concentrar, permitindo que sua mente se aquiete enquanto isso acontece.

O foco pode estar em um ponto na parede ou no teto. Ou poderia ser a chama de uma vela. Ou qualquer outra coisa que não se mova muito, para que você possa fixar sua atenção. Não vale usar programas de televisão para isso! A não ser que se trate de um vídeo feito especificamente para isso, com imagens calmas e música relaxante no estilo new age.

Portanto, mantenha uma mente aberta. Se você achar o método de meditação tradicional muito difícil a princípio, fique aberto a ideias que possam mudar o método sem arruiná-lo.

A meditação tradicional também pode ser feita com a repetição de um mantra. Um das mais comuns, que você pode reconhecer dos filmes hollywoodianos é a palavra "Om", que soa um bocado como "oummmm". Alguns mestres de meditação passarão seus próprios mantras para seus estudantes. O mantra em si é menos importante do que o efeito de permitir que sua mente relaxe e deixar que as preocupações e outros pensamentos se desvaneçam no fundo de sua mente.

A técnica # 6 Meditação com Frequências Binaurais

Os mais puritanos dizem que este método é uma trapaça!

Mas provavelmente é o método mais rápido de colocar a mente em um estado meditativo que de outro modo, levaria-se anos para alcançar.

Normalmente, esse método requer o uso de fones de ouvido. As frequências binaurais são tocadas nos seus ouvidos e o cérebro entra no que pode ser chamado de um estado leve de confusão. As duas frequências são quase idênticas, mas não completamente.

A mente tenta combinar as duas frequências ligeiramente diferentes. No processo, suasondas cerebrais baixamao nível que o criador da faixa tinha em mente.

Existem programas que o permitem criar suas próprias frequências binaurais, mas a não ser que você seja bastante nerd, com qualificações tanto em biologia quanto em computadores, é mais fácil adquirir algum já pronto.

Há um grande número de frequências binaurais disponíveis. Algumas exigem anos de escuta, outras trarão bons resultados em semanas ou meses.

As frequências geralmente são encobertas com outros sons. As frequências binaurais são meio que como escutar ruídos, não muito agradável. Os diferentes programas de meditação irão mascarar as frequências com outros sons naturais como de chuva, ou com música especialmente criada para meditação, que dá à mente consciente algo para escutar enquanto sua mente subconsciente trabalha duro tentando entender, e isso oconduzirá a um estado meditativo relaxado.

CONCLUSÃO

Você é uma dessas pessoas sem sorte que teme apagar as luzes à noite devido a uma luta constante para dormir? A meditação ajuda a aquietar e clarear a mente. Quando a mente está quieta, você se sente em paz e tem maiores chances de ter uma boa noite de sono, bem como uma vida mais equilibrada.

Qualquer um pode usar a meditação diariamente para alcançar uma mente mais calma e relaxada, mesmo durante períodos de vida estressantes. A meditação tem sido descrita por muitos como um estado de "alerta relaxado", onde seu metabolismo desacelera como se você estivesse dormindo, mas ainda está acordado e consciente. Isso permite que você permaneça livre de seus pensamentos contínuos habituais.

A meditação treina a mente e com a repetição dessa arte, um maior senso de controle é experimentado. Em alguns casos, a meditação pode ajudar a trazer à superfície tensões adormecidas. Ao identificar tais tensões e se tornar mais consciente delas, você se torna capaz de controlá-las bem como a outras pressões externas. Se o foco é mantido no presente, há menos ênfase nas preocupações passadas e futuras, e o sucesso e a auto-realização se tornam mais alcançáveis.

Além disso, a meditação comprovadamente o mantém sentindo-se jovem. Com a repetição da meditação, o metabolismo da pessoa é melhorado e a probabilidade de adoecer é menor. No entanto, há uma variedade de tipos de meditação, e é necessário encontrar o estilo que combina melhor com a pessoa. Você deverá notar a diferença que a meditação faz na sua vida tão logo você encontre o tipo de meditação que combine com você.

www.ingramcontent.com/pod-product-compliance
Lightning Source LLC
Chambersburg PA
CBHW071854070526
44583CB00016B/1687